MANDEMENT

ET

INSTRUCTION

PASTORALE

DE

MONSEIGNEUR

L'EVÊQUE DE TROYES.

Au sujet d'un Office imprimé sur une feüille volante, qui commence par ces mots : *Die xxv. Maii, in festo S. Gregorii VII.*

A PARIS,

Chez CHARLES OSMONT, Imprimeur de Monseigneur l'Illustrissime & Reverendissime Evêque de Troyes, ruë S. Jacques, à l'Olivier.

M. DCC. XXIX.

AVEC PRIVILEGE DU ROY.

MANDEMENT

ET

INSTRUCTION PASTORALE

DE

MONSEIGNEUR

L'EVÊQUE DE TROYES.

Au sujet d'un Office imprimé sur une feüille volante,
qui commence par ces mots: *Die xxv. Maii, in festo
Sancti Gregorii VII.*

ACQUES-BENIGNE BOSSUET, par la permission divine Evêque de TROYES, au Clergé Seculier & Regulier, & à tous les fideles de notre
Diocese, SALUT ET BENEDICTION.

    Le saint Ministere dont JESUS-CHRIST, le sou-
verain Pasteur, nous a chargés, & l'obligation qu'il
nous impose de veiller à la conservation du dé-
post de la saine Doctrine, ne nous permettent pas, MES CHERS
FRERES, de garder le silence au sujet d'une feüille imprimée, qui

I.
Occasion de
cette Instruc-
tion. La Le-
gende de Gre-
goire VII. Ex-
trait de cette
Legende.

A

s'est répandue dans le public sous ce Titre : *Le 25. de May fête de S. Gregoire VII. Pape & Confesseur.*

Cette feüille contient un Office de Gregoire VII. ou une Legende en trois leçons, dans laquelle, après avoir fait le récit qui paroît fabuleux, ou pour le moins très-suspect, d'une action qui ne pouvoit être qu'un amusement d'enfant, on prétend que Dieu annonça au (*a*) jeune Hildebrand une domination universelle; on fait entrer dans l'éloge de ce Pape les plus grands excès & les entreprises les plus inoüies : on le loüe, & on le canonise pour avoir excommunié & dépoüillé de sa Couronne l'Empereur Henry IV. (*b*) & pour avoir délié ses Sujets du serment de fidelité.

C'est pour de tels faits qu'on le veut faire honorer dans toute l'Eglise comme le plus genereux défenseur de sa liberté, comme l'Athlete le plus intrepide, & comme le rempart le plus inébranlable qu'elle ait eu depuis les Apôtres.

Ce n'est pas tout, on ajoûte tout de suite que Dieu (*c*) fit connoître par un prodige, dont quelques personnes de piété furent témoins, qu'il ne se conduisoit dans le gouvernement de l'Eglise que par l'inspiration du S. Esprit, & non par les raisons d'une prudence humaine.

Vous sentez, MES CHERS FRERES, à ce simple exposé tout le poison dont cette feüille est remplie, vous en comprenez tout le danger, vous appercevez sans peine les Maximes qu'on voudroit vous inspirer, en vous proposant de célébrer dans vos jours de fêtes des actions qui auroient dû demeurer ensevelies dans un éternel oubly, & qui ne peuvent que deshonorer leurs auteurs, de consacrer par un culte public la memoire d'une sanglante tragédie, & de canoniser dans les Offices de l'Eglise, comme inspirée par le S. Esprit, une conduite entiérement opposée à l'Evangile, à l'Esprit de JESUS-CHRIST, & de la Sainte Eglise.

En effet, comme cette conduite de Gregoire VII. n'étoit fondée que sur la prétention d'une Monarchie Universelle, & d'une

II.
Danger de la Legende. Elle autorise les entreprises de Gregoire VII. contre la Puissance Royale, & tend à inspirer aux fidelles les opinions des Ultramontains.

(*a*) Cùm parvulus ad fabri ligna edolantis, jam litterarum nescius luderet, ex rejectis tamen segmentis illa Davidici elementa oraculi, *Dominabitur à mari usque ad mare*, casu formasse narratur, manum pueri ductante numine, quo significaretur ejus fore amplissimam in mundo auctoritatem. *Lect.* 4.

(*b*) Contra Henrici Imperatoris impios conatus fortis per omnia Athleta impavidus permansit, seque pro muro domui Israël ponere non timuit : ac eundem Henricum in profundum malorum prolapsum, fidelium communione regnoque privavit, atque subditos populos fide ei data liberavit. *Lect.* 5.

(*c*) Dum Missarum solemnia perageret, visa est viris piis columba è cœlo delapsa humero ejus dextro insidens, alis extensis caput ejus velare, quo significatum est Spiritus sancti afflatu, non humanæ prudentiæ rationibus ipsum duci in Ecclesiæ regimine. *Lect.* 6.

domination abſolue ſur toutes les Puiſſances de la Terre ; vous en propoſer l'approbation, Mes chers Freres, ce n'eſt autre choſe que vouloir vous perſuader, que dis-je ? c'eſt vouloir vous engager à faire une profeſſion publique & ſolemnelle de croire que Gregoire VII. & par conſequent tous les Papes, ſont les Maîtres Souverains de tous les Empires : que toute Puiſſance temporelle eſt ſubordonnée & ſoumiſe à celle qu'ils ont reçue de J. C ; qu'ils peuvent dépoüiller les Princes de leurs Etats, les priver de tout commerce de la ſociété civile ; délier leurs Sujets du ſerment de fidélité, leur défendre de rendre à leurs Souverains aucune obéiſſance & aucuns devoirs ſous peine d'excommunication, & même de privation de leurs biens temporels, diſtribuer les Couronnes à qui bon leur ſemble, éteindre les familles Royales, en élever de nouvelles, dépoüiller les Royaumes de leurs droits, & qu'il n'y a ſur la terre aucune reſſource contre les entrepriſes des Papes ambitieux.

Ces maximes que Gregoire VII. s'éforça de faire valoir, ne pouvoient manquer d'allumer partout le feu de la diviſion, d'exciter des guerres cruelles & de remplir l'Europe de ſchiſmes, de ſang & de carnage. Les ames ſimples & credules, retenuës par la crainte des excommunications, penſoient obéir à Dieu en foulant aux pieds les Loix les plus ſacrées, & en violant les devoirs les plus indiſpenſables. Les mécontens & les ambitieux appuyés du pretexte de ſervir l'Egliſe & la Religion, n'avoient pas de peine à exciter la révolte à laquelle les Papes avoient ouvert la porte, & profitoient d'une occaſion ſi favorable pour ſatisfaire leurs paſſions, & pour executer leurs pernicieux deſſeins.

III.
Suites affreuſes de ces entrepriſes & de ces opinions.

Il n'eſt pas ſurprenant que la fauſſe piété ſe ſoit accreditée dans un ſiecle d'ignorance & de confuſion ; mais nous ne pouvons aſſez nous étonner qu'on ait oſé tenter de ramener au jour dans un ſiecle auſſi éclairé que le nôtre, & dans des circonſtances qui demandoient plus de ménagement, des opinions qui ſont ſi contraires à la modeſtie, & ſi décriées chez toutes les nations, & ſurtout en France, qui n'ont jamais ſervi aux Papes qu'à leur attirer l'envie & la haine, & qui n'ont produit dans l'Egliſe & dans les Etats que des ſchiſmes & des guerres.

Que n'aurions-nous pas à craindre, Mes chers Freres, ſi ces opinions retrouvoient quelque accès dans les eſprits ? La France en a trop éprouvé les funeſtes effets, pour que nous ne devions pas être attentifs à en écarter juſqu'à la moindre étin-

I V.
Combien il eſt important de les prévenir & d'en éloigner le danger.

ture. Ces semences de divisions n'ont jamais parû, que l'Eglise de France ne se soit appliquée à les étouffer, en y opposant l'ancienne & saine doctrine qu'elle a toûjours conservée avec soin, & maintenue avec courage.

Serions-nous assez lâches pour l'abandonner aujourd'huy, cette ancienne Doctrine, & pour manquer à ce que nous devons à l'Eglise & à l'Etat, au Roy & à la Patrie; à ce que nous nous devons à nous-mêmes, & aux peuples qui nous sont confiés?

Non, Mes chers Freres, nous ne souffrirons pas; qu'à la faveur des troubles qui agitent l'Eglise de France, on vous inspire une Doctrine étrangere: & afin de vous affermir de plus en plus dans les sentimens que vous avez reçûs de vos Peres, & que vous avez succés avec le lait, nous allons vous exposer avec vérité & simplicité les principes & les fondemens de cette Doctrine que nous avons reçûe en dépôt. Et nous le ferons avec d'autant plus de confiance & de liberté, que nous sommes persuadés que quiconque y voudra faire attention, demeurera convaincu que nos maximes, loin de donner atteinte aux justes & grandes prérogatives des Papes & du S. Siege, ne contribuent au contraire qu'à rendre leur autorité aussi aimable & aussi respectable que le nouveau systême des Adulateurs de la Cour de Rome la rendroit odieuse & méprisable.

Quoique l'entreprise de Gregoire VII. ait rempli l'Europe d'étonnement & d'horreur par sa nouveauté & par ses funestes suites elle a néanmoins servi de base au systême des opinions Ultramontaines.

Il s'est trouvé des Auteurs qui ont osé avancer que J. C. avoit donné immédiatement à S. Pierre & à ses successeurs le glaive de la souveraine Puissance spirituelle & temporelle, que le Pape étoit de Droit Divin le Monarque Universel & le Roy des Rois, Il est vrai que Bellarmin lui-même, & les autres Theologiens Ultramontains, ont solidement réfuté cette absurde opinion, & qu'ils ne donnent directement au Pape que la Puissance spirituelle; mais il est évident en même tems, que Bellarmin & les autres Docteurs Ultramontains sous le nom de *Puissance indirecte* attribuent au Pape une autorité aussi étendue & aussi dangereuse dans les consequences, que celle qu'ils rejettent sous le nom de *Puissance directe*.

Ils prétendent que toutes les choses temporelles se rapportant aux spirituelles comme à leur fin; la puissance temporelle

est subordonnée à la puissance spirituelle, comme le moyen
l'est à la fin; qu'en consequence le Pape qui possede la souveraine puissance spirituelle, a droit de faire servir tout au bien
spirituel, & de disposer des Royaumes selon qu'il juge qu'il est
du bien de la Religion: qu'ainsi le Pape, en recevant directement de J. C. la souveraine puissance spirituelle, a reçu indirectement la puissance temporelle, le pouvoir de deposer les
Rois & d'absoudre leurs Sujets du serment de fidelité.

Ces mêmes Théologiens ajoûtent, que l'Eglise & les Papes
surtout, ayant le pouvoir d'excommunier les Rois mêmes,
comme tout autre Chrétien, pour quelque crime que ce soit,
ils ont le pouvoir de les séparer de tout commerce & de toute
société civile; en telle sorte qu'il ne soit plus permis à personne
de leur parler, ni d'avoir rien de commun avec eux, ni par
consequent de leur obéir, & que dès là les Souverains sont
dépouillés de toute puissance.

Or de-là il s'ensuit manifestement, (& ces Théologiens en
conviennent) que le Pape est également le maître de tous les
Royaumes de la Terre; qu'il peut deposer qui bon lui semblera,
& donner les Etats à qui il jugera à propos, selon qu'il s'ima-
ginera être du bien & de l'avantage de la Religion; qu'il peut
décider par la même raison souverainement de la guerre & de
la paix, regler les impôts & l'administration de la justice, établir & abroger les Loix Civiles par tout; en un mot gouverner
en Souverain tous les Etats du monde, & excommunier juste-
ment tous ceux qui ne voudroient pas se soumettre à ses volon-
tés; enforte qu'il faut convenir, ou que cette puissance indirecte qu'ils attribuent au Pape est une vaine chimere, ou que
les Rois ne sont Souverains que de nom.

Ce n'est pas tout; il s'ensuit encore que le Pape peut imposer des Decimes & des Tributs par tout, qu'il peut dépoüiller
tous les particuliers de leurs biens, toutes les fois qu'il jugera
que cela sera utile au bien de l'Eglise, & que par là il faut re-
connoître le Pape comme le Roy des Rois, & retomber neces-
sairement dans le sentiment de ceux qui lui attribuent toute
puissance directe sur le temporel comme sur le spirituel.

Que si nous joignons à cette prétention celle de la supériorité
au-dessus de toute puissance Ecclesiastique, & de l'indépendance
du Concile General, nous comprendrons enfin quel est ce prodigieux Empire qu'ils attribuent aux Papes, qui embrasse l'univers
entier pour le temporel, comme pour le spirituel; & qui décide

VII.
Les mêmes
dangers, les
mêmes incon-
veniens de l'u-
ne & de l'autre
Puissance.
Premiere con-
sequence: Le
Pape seul Sou-
verain.

VIII
2. Consequen-
ce. Le Pape
Roy des Rois
possede la Mo-
narchie uni-
verselle, tant
pour le spiri-
tuel que pour
le temporel.

avec une autorité souveraine & indéclinable, de tous les Empires & de toutes les affaires.

IX.
3°. & affreuse conſequence. Confuſion & Anarchie univerſelle. Meurtre des Rois.

Mais il y a d'autres conſequences qui ſuivent neceſſairement de ces principes, qui ſont encore plus étonnantes & plus horribles. C'eſt que par-là, la paix, ce fruit précieux de l'indépendance de la puiſſance temporelle, eſt bannie de toute la terre; tous les Empires ſont ébranlés & flotants; tous les Etats retombent dans la confuſion & dans l'Anarchie, & ce qui fait horreur à penſer, (& qu'il eſt bien affligeant à des Chrétiens, encore plus à des Evêques, qui aiment l'honneur du S. Siege, d'être obligés de dire) c'eſt que la Perſonne ſacrée des Rois ne ſera plus en ſûreté, & qu'il ſera deſormais permis d'attenter à leur vie. Conſequences affreuſes, dont les Papes eux-mêmes ont été étonnés, qu'ils n'ont pu s'empêcher de déteſter & de frapper d'Anathême dans le Livre du Jeſuite Becan, intitulé: *Controverſia Anglicana* en 1612. mais conſequences inſéparables, de la puiſſance indirecte qu'ils s'attribuent.

Qu'un Prince en effet ſoit dépoſé (il peut l'être, diſent-ils, pour toutes ſortes de crimes, & même ſans crimes, pour la ſeule utilité de l'Egliſe, dont le Pape eſt le ſeul Juge) qu'il y ait un autre Roy établi à ſa place; tous les efforts & tous les mouvemens que fera ce malheureux Prince pour ſe maintenir ſur le Trône, ou pour y remonter, ſeront autant d'actions de rebelle, de factieux, de perturbateur de la paix de l'Etat, autant de crimes de Léze Majeſté, pour leſquels il méritera d'être puni de mort. Qui mettra donc ſa vie en ſureté?

C'eſt ce que repreſenta avec autant de force que de ſageſſe Henry de Bourbon, Prince de Condé, premier Prince du Sang, en 1615. à Louis XIII. préſent dans ſon Conſeil, pendant qu'on agitoit cette queſtion dans l'Aſſemblée generale des Etats.

Il n'en faudroit pas davantage, MES CHERS FRERES, pour faire rejetter à ſes Partiſans mêmes, une opinion qui a de ſi affreuſes conſequences. Car l'erreur ne peut être liée à la verité, & il n'eſt pas poſſible de penſer que la ſageſſe éternelle ait établi ſur la terre une forme de gouvernement qui met tout en confuſion, qui renverſe tout ordre, & qui anéantit tout gouvernement.

X.
Silence étonnant de l'Ecriture ſur la Puiſſance indirecte.

Mais plus on aprofondira ſur quels fondemens on prétend établir de ſi étranges maximes, plus on en découvrira aiſément toute la fauſſeté. Leurs défenſeurs ne les vont point chercher dans les Auteurs ſacrés; ils ne s'étonnent pas même du profond

ſilence

ſilence de l'Ecriture ſur un point auſſi capital & auſſi important.
J. C. & les Apôtres n'ont point parlé, diſent-ils, de la Puiſſance
indirecte ſur le temporel ; mais elle eſt une ſuite de la Puiſſance
ſpirituelle des clefs & de l'excommunication. C'eſt encore,
ajoutent-ils, un effet du Batême, qui ſoumet les Princes Chrétiens à l'Egliſe. Mais n'eſt-il pas ſurprenant que J. C. ni les
Apôtres n'ayent rien dit en aucun endroit de cette ſuite ſi
étonnante, ni de ce merveilleux ſecret du Batême, qui devoient produire un ſi grand changement dans l'Univers ? Ren-
verſer les Empires, détrôner les Rois, éteindre des familles
Royalles, & en élever des nouvelles ; & qu'ils n'ayent pas eu
ſoin d'avertir ni les Paſteurs de l'Egliſe de ces grandes prérogatives ; ni les Rois & les autres fideles des devoirs ſi impor-
tans qu'ils contractoient à leur égard ? Tandis qu'au contraire
ils commandent expreſſément à tous les Chrétiens ſans diſtin-
ction, *de rendre par religion & par conſcience aux Princes* même im- *Rom XIII. 1ſ.*
pies, & ennemis declarés de la religion, une *obéiſſance véritable*
& ſincere : Et qu'ils nous inſtruiſent ſi exactement de toutes les
autres ſuites de la puiſſance des clefs, des effets de l'excommunication, & des devoirs qui ſont impoſés dans le Batême aux
Rois comme aux autres par raport au ſalut éternel ?

Mais on trouve peut-être dans la Tradition cette puiſſance XI.
Silence de la
Tradition.
indirecte ſur le temporel attachée aux clefs de l'Egliſe.

Point du tout. Près de onze ſiecles ſe ſont écoulés remplis
de Rois impies, infideles, hérétiques, Apoſtats, perſecuteurs,
ſans qu'on ait jamais penſé dans l'Egliſe, ou à les détrôner, ou
à ſecouer le joug de l'obéïſſance, pas même à ôter à aucun
Laïc la moindre partie de ſon bien. On voit des Empereurs,
des Rois & des Princes, ou privés de la communion, ou menacés d'en être ſéparés : mais Gregoire VII. eſt le premier,
qui, au grand étonnement de l'Univers, ait menacé les Rois
de les ſéparer de toute ſociété civile, de défendre aux Evêques
& à tous leurs Sujets de leur rendre aucune obéïſſance ſous
peine d'excommunication, & qui ait executé de ſi grandes
menaces.

A quoi attribuerons-nous donc la naiſſance d'une prétention XII.
Origine de
cette nouvelle
prétention.
Excés de Gre-
goire VII.
ſi extrême & ſi inſoutenable ? La ſincerité Epiſcopale ne nous
permet pas de le diſſimuler, à l'eſprit de domination, à l'idée
flatteuſe d'une Monarchie univerſelle, que ce Pape crut avoir
trouvé l'occaſion favorable de ſe procurer, dans la confuſion,

B

dans la décadence, & dans la foiblesse de tous les Empires de son temps. C'est ce qui le porta encore à tant d'autres excès qu'on peut lire dans les actes de ses Conciles, & dans ses Lettres. Tantôt il sollicitoit tous les Princes par menaces & par promesses, à lui soumettre leurs personnes & leurs Etats : tantôt il revendiquoit tous les Royaumes, comme appartenans au Saint Siege : tantôt depeur que l'Univers ne fût effrayé de se voir dépendant de la volonté d'un seul homme, il déclaroit que tous les Papes, sitôt qu'ils étoient élevés sur la Chaire de Saint Pierre étoient des Saints, incapables de faillir & de commettre aucune injustice, & qu'il le sçavoit par expérience : tantôt il déprimoit l'autorité Royale, comme ne devant son origine qu'à l'orgueil, à un desir intolerable de dominer sur ses égaux, & aux suggestions du Diable : tantôt il inventoit un nouveau genre d'excommunication, qui ôtoit aux Princes qui en étoient frappés, & à leurs armées, toutes les forces, & tout pouvoir de remporter jamais aucune victoire, & toute espérance de jouir d'aucun avantage temporel : ce qui n'empêcha pas que Henry ne remporta plusieurs victoires, que Rodolphe son Compétiteur ne fut tué, & que Gregoire lui-même chassé de Rome par cet Empereur ne mourut en éxil.

<table>
<tr><td>

XIII.
Etonnement de l'Univers à la vüe de l'entreprise deGregoire VII. son incertitude , son embarras, & sa contradiction.

</td><td>

Il ne faut donc pas être surpris de voir les plus grands hommes & les plus dévoués à ce Pape, lui demander tant de fois sur quels motifs il fondoit la nouvelle puissance qu'il s'attribuoit, après même qu'il les leur avoit expliqués fort au long. Il ne faut pas être surpris de le voir si embarrassé lui-même de sa propre entreprise, se défier de sa propre puissance, nier qu'il eut aucune part à l'élection de Rodolphe que les Saxons avoient substitué à Henry par ses sollicitations ; & reconnoître même Henry pour Roy des Romains, après l'avoir tant de fois déclaré excommunié, & dépouillé de toute autorité.

</td></tr>
<tr><td>

XIV.
Souveraineté de la Puissance temporelle: son indépendance de la Puissance spirituelle, fondée sur l'Institution du Createur, & sur la Loi naturelle.

</td><td>

En effet ce Pape pouvoit-il au fond ignorer que la puissance temporelle des Souverains, même parmi les Infidelles, vient de Dieu qui l'a établie pour le bien de la société humaine, & pour y maintenir l'ordre, la justice & la paix ? Et qui ne voit clairement dès-là même, que les Princes n'ont que Dieu au-dessus d'eux dans le gouvernement des Etats qui leur sont soumis, puisque Dieu n'a point établi d'autre Puissance de laquelle ils puissent dépendre, & qui puisse les reformer & les corriger ?

</td></tr>
</table>

Or qui pouroit se persuader que Dieu eut changé l'ordre des choses humaines, & la nature de l'autorité souveraine, en établissant le Sacerdoce, soit dans l'ancienne Loy, soit dans la nouvelle? Lors qu'au contraire on voit dans toute l'Ecriture, & dans toute la Tradition, que l'établissement du Sacerdoce n'a fait qu'affermir l'autorité Royale, & lui donner un nouvel éclat, & un nouveau lustre?

Quand Moyse établit le Sacerdoce, & qu'il en explique les fonctions jusqu'aux moindres détails, dit-il un mot d'une prérogative aussi considerable que seroit le droit de déposer les Rois, & de l'obligation où seroient les Rois de descendre du Trône à l'ordre du Grand Prêtre? Quand les Israëlites demandent un Roy tel qu'en ont les autres Nations, Dieu ordonne à Samuel de les écouter, & de leur donner un Roy tel qu'ils le demandent, & par consequent Souverain & indépendant de toute autre Puissance. Quand Samuel explique les devoirs du Roy, fait-il mention de l'obéissance qu'il doit rendre au Grand Prêtre? Devoir néanmoins qu'il auroit été si important, & au Roy, & à toute la Nation de ne pas ignorer.

N'est-ce pas Samuel, & non le Grand Prêtre, qui par l'ordre exprès, & particulier de Dieu, établit Saül Roy & le reprouve ensuite, choisit & sacre David pour regner en sa place? N'est-ce pas David qui se choisit Salomon pour Successeur, & qui ordonne ensuite au Grand Prêtre Sadoc, & au Prophete Nathan de le sacrer?

En un mot, que l'on parcoure toute l'Histoire Sainte, y verra-t-on que jamais le Sacerdoce ait eû quelque droit sur les Rois, soit pour les établir, soit pour les déposer? Et ne voit-on pas au contraire, d'une part le Sacerdoce expressément borné aux choses qui regardent la Religion, & de l'autre la Majesté Royale suprême, & indépendante de tout autre que de Dieu, exempte par elle-même des peines de mort portées par la Loy sans distinction contre tous les Idolâtres, les adulteres, les meurtriers, & reservée à la justice de Dieu seul?

Il y a eû chez les Juifs des Rois impies, idolâtres, ennemis de la Religion, persécuteurs des gens de bien & des Prophetes. Les Prêtres, ou les Prophêtes que Dieu envoyoit avec tant d'autorité & de puissance, ont-ils jamais pensé à les déposer, ou même à les punir, quoique la Loy ordonnât sans distinction de punir de mort tous ceux qui se laisseroient aller à l'idolâtrie? Les ont-ils moins honorés comme Rois? Ont-ils regardé leur

---

XV.
L'Etablisse-
ment du Sacer-
doce Legal
n'a donné au-
cune atteinte
à la premiere
Institution: il
n'a fait qu: la
confirmer.
Preuves évi-
dentes tirées
de l'Histoire
Sainte.

Exod. chap.
XXVIII.
Levit. Deut.

L. 1. Reg. 8.

L. 1 Reg. 9. &
10.

L. 3. Reg.

L. 2. Paral.
19. 11.

perſonne comme moins ſacrée ? Tant ils étoient perſuadés que les Rois n'ont que Dieu au-deſſus d'eux, & que c'eſt à lui ſeul qu'eſt reſervée la vengeance de leurs crimes.

Lors qu'après la ruine du Royaume de Juda les Iſraëlites ont été ſoumis à des Rois infidéles, Babiloniens, Medes, Perſes, Grecs, Romains, jamais rien a-t-il pû les engager à manquer à l'obéiſſance, au reſpect, & à la fidélité qu'ils leur avoient jurée ? *Jer. 29. 7.* N'ont-ils pas toujours prié pour leur conſervation ? *Bar. 1. 10. & 12. Eſth. 3. 7. 13. 14.* Quand-ils étoient perſecutés pour la Religion, opprimés, & menacés d'être exterminés, avoient-ils recours à d'autres armes qu'au jeûne & à la priere, à moins qu'ils n'y fuſſent pouſſés par une inſpiration particuliere & certaine de *L. 1. Mac. 11. L. 2. Mac. 1. 22. & 10. 29.* Dieu, comme il arriva ſous les Machabées ?

Il eſt donc évident par toute l'hiſtoire du peuple de Dieu, que depuis l'origine du Sacerdoce Légal juſqu'à Jeſus-Chriſt, le Sacerdoce & l'Empire ont été deux Puiſſances abſolument diſtinguées, & independantes l'une de l'autre.

XVI. *Explication de deux exemples de l'ancien Teſtament allegués par les Ultramontains.* *L. 4. Reg 11 L. 2. Par. 22. 23 L. 4. Reg 16. L. 2. Par. 26.* Après cela, ne doit-on pas avoir honte d'apporter pour preuve que le Sacerdoce à toujours eû le pouvoir de dépoſer les Rois, l'exemple d'Athalie tuée par l'ordre du Grand Prêtre Joaïada, & celui d'Ozias chaſſé du Temple par les Prêtres à cauſe de ſa lépre ?

Exemples qui montrent, non ce qu'on a à prouver ; mais juſqu'où la prévention eſt capable de porter les plus grands eſprits, lorſqu'elle leur a fait prendre la défenſe d'une mauvaiſe cauſe.

XVII. *L'exemple d'Athalie étranger à la queſtion ; il prouveroit qu'on peut tuer les Rois.* Quoi donc ! Le premier exemple prouvera-t-il que les Souverains Pontifes peuvent faire tuer les Rois ? Mais Athalie étoit-elle Reine ? Poſſedoit-elle légitimement la Souveraine Puiſſance ? N'étoit-ce pas une Uſurpatrice, qui s'étoit emparée du Trône par ſes parricides ? Ne reſtoit-il pas un Prince du ſang Royal héritier légitime de la Couronne ? Qui-a-t-il donc de ſurprenant que Joaïada ſous un Roy mineur, qu'il avoit enlevé à la mort, qu'il avoit élevé dans le Temple comme ſon propre fils, qu'il venoit de retablir ſur le Trône, & de faire proclamer, fit en qualité de Tuteur du Roy, & par l'autorité Royale, punir l'impie, l'execrable Athalie, ſujette du Roy, & criminelle de Leze-Majeſté ? Le ſalut du Roy & de l'Etat ne le demandoit-il pas ?

XVIII. *L'exemple d'Ozias detruit* Le ſecond exemple ne prouve pas mieux. Ozias frappé de lépre pour avoir mis la main à l'encenſoir, eſt privé de l'entrée du Temple. Mais a-t-il pour cela perdu son Royaume? les prétentions Ultramontaines. Et n'est-il pas certain par le témoignage exprès de l'Ecriture, & par la chronologie, qu'il a regné jusqu'à la mort ? Que son fils Joathan depuis sa lépre a gouverné sous son nom, & par son autorité, & qu'il ne lui a succedé qu'après sa mort ? Voit-on d'ailleurs que les Prêtres ayent fait & entrepris autre chose que de le détourner d'un ministere qui ne lui appartenoit pas ? Et ne voit-on pas que lui-même, effrayé de son crime, & de la vengeance éclatante que Dieu en tire, se soumet volontairement à une loi qui ne regardoit point les Rois, & se hâte de sortir du Temple ?

Mais quand il seroit vrai, ce qui n'est pas, que la loi de la lépre attribue au Grand Prêtre le droit de priver le Prince de l'entrée du Temple : comment en conclura-t-on, que dans la loi nouvelle, l'héresie & les autres crimes figurés par la lépre, autorisent les Souverains Pontifes à séparer les Rois de tout commerce de la vie civile, à les priver de leur Royaume, & à dispenser leurs Sujets du serment de fidélité ? Il est vrai que la loi Evangelique défend aux Princes d'usurper le ministere Sacerdotal, & qu'elle autorise le Sacerdoce à fermer l'entrée de l'Eglise, & le Royaume des Cieux, aux Princes, comme aux autres Fideles coupables des crimes figurés par la lépre : mais c'est tout ce que la Tradition nous apprend à conclure de l'exemple d'Ozias.

Il demeure donc pour certain que Dieu par l'établissement du Sacerdoce légal, n'a rien changé dans la Souveraineté de la Puissance temporelle, & qu'il n'a soumis les Rois, ni directement, ni indirectement, à aucune autre Puissance, qui ait droit de les déposer, & de regler le gouvernement temporel.

XIX. La Loi & le Sacerdoce Evangelique établissent invinciblement l'indépendance de la Souveraineté des Rois.

Or si Dieu en a usé ainsi dans l'établissement d'une religion fondée sur un Royaume terrestre, & sur des promesses temporelles : Si Moïse n'a point assujetti la puissance Royale à un Sacerdoce qui n'avoit que le même objet & la même fin; comment se persuadera-t-on que J. C. dans l'établissement d'une Religion toute détachée des choses sensibles, qui n'est fondée que sur des promesses spirituelles, & qui n'a pour fin qu'un Royaume spirituel & céleste, ait assujeti la puissance temporelle au Sacerdoce ?

En effet, que l'on ouvre les Evangiles, que l'on parcoure la Tradition, on n'y rencontrera pas le moindre vestige du pouvoir que l'on voudroit aujourd'hui attribuer au Sacerdoce, & on y trouvera au contraire, que rien n'est plus opposé à l'esprit de J. C.

& de l'Eglife, que cette vaine & orgueilleufe prétention.

XX.
Preuves ti-
rées des Saints
Evangiles. Pre-
miere preuve :
la puiflance
que J. C. don-
née aux Apô
tres & à l'Egli-
fe, entiérement
bornée aux
chofes fpiri-
tuelles.
Joan 20. 21.
Luc. 9. 2.
Matt. 28. 14.
Matt. 18. 18.
Joan. 20. 23.
Joan. 21. 17.
10. 9. 27.
Matt. 16. 18.
19.
Matt. 18. 17.
18.

J. C. n'a donné à fes Apôtres & à leurs Succeffeurs, en les éta-
bliffant fes Miniftres & fes Vicaires, que la puiffance d'éxercer
le miniftére qu'il étoit venu exercer lui-même. Il les a envoyés
comme fon Pere l'avoit envoyé, avec le pouvoir de prêcher le
Royaume des Cieux, d'enfeigner toutes les Nations, de lier &
de délier, c'eft-à-dire, de remettre & de retenir les péchés, de
confacrer & d'adminiftrer les facremens à ceux qui en feroient
dignes, d'en éloigner les indignes ; en un mot, de paître fon
troupeau des paroles de la vie éternelle, comme il avoit fait lui-
même, de retrancher les brebis indociles & incorrigibles ; leur
promettant d'être avec eux, de foutenir leur miniftére jufqu'à
la confommation des fiécles, & de ratifier dans le Ciel tout ce
qu'ils feroient fur la terre felon fon efprit. C'eft en cela que con-
fifte le pouvoir des clefs que J. C. a promis à toute l'Eglife dans
la perfonne de S. Pierre qui figuroit fon unité, & qu'il lui a
donné dans la perfonne des Apôtres qui répréfentoient fon uni-
verfalité, pour être exercée par eux & par leurs Succeffeurs, felon fes préceptes & felon fon efprit : Pouvoir grand & divin, auquel les Princes & les Rois de la terre font obligés de fe foumettre
comme leurs Sujets, s'ils veulent arriver au Royaume des Cieux ;
mais pouvoir tout renfermé dans l'ordre des chofes fpirituelles,
& qui regardent le falut éternel.

XXI.
2e. Preuve :
J. C. a declaré
nettement que
la puiflance des
chofes tempo-
relles n'appar-
tient point au
miniftere
Apoftolique.
Luc 12. 13. 14.

Car bien loin que J. C. ait prétendu donner à fes Apôtres aucune autorité fur les chofes temporelles, ou changer l'état des
Empires de la terre, il a déclaré lui-même qu'il n'avoit reçû de
fon Pere aucun pouvoir de juger des chofes temporelles dans l'é-
xercice de fon miniftére extérieur. Quelqu'un l'ayant prié de ré-
gler un différend qu'il avoit avec fon frere au fujet d'une fuc-
ceffion, il lui répondit : Qui m'a établi pour vous juger, ou pour
faire vos partages ? *Quis me conflituit judicem, aut diviforem fuper
vos ?* C'eft déclarer bien nettement que l'autorité des chofes
temporelles n'appartient point au miniftére Apoftolique. Les
Miniftres & les Vicaires voudroient-ils s'attribuer le pouvoir de
difpofer des Empires, tandis que le Maître, & le fouverain Pafteur déclare qu'il n'a pas même le droit de juger du partage de
quelques morceaux de terre.

XXII.
3e. Preuve.
J. C. a déclaré
que fon Royau-
me eft d'un or-

C'eft pour cela que voulant prévenir en même tems, & l'ac-
cufation qu'il prévoyoit que les Juifs formeroient contre lui,
parce qu'il s'étoit donné le titre de Roy, & les vaines terreurs
de Pilate, d'Herode, & des Empereurs Romains, il déclare

Que son royaume n'est pas de ce monde, qu'il est d'un genre, & d'un ordre tout different des royaumes de la terre, & que les Princes n'ont rien à craindre pour le repos de leurs Etats, ni des Loix, ni des Ministres qu'il établira. Cela seroit-il vrai, si quelqu'un des Ministres & des Vicaires de J. C. pouvoit en conséquence de l'autorité qu'il en a reçuë, déposer les Rois, transférer les Empires, & allumer par tout le feu des guerres civiles?

Ce n'est pas encore assez: J. C. ne se contente pas de borner le ministére Apostolique aux choses qui regardent le royaume des Cieux, ce bon maître prend soin de prescrire ce qui est dû à ceux qui gouvernent les Royaumes de la terre, & de marquer les limites & l'étenduë de leur puissance.

Les Pharisiens qui se persuadoient aisément, que les Romains infidéles n'exerçoient sur le peuple de Dieu qu'un empire injuste & tirannique, & qui ne cherchoient qu'à secoüer ce joug sous prétexte de Religion, lui demanderent un jour, s'ils devoient payer le tribut à Cesar. J. C. s'étant fait réprésenter une piece de monnoye sur laquelle étoit gravée l'image de l'Empereur, leur fit cette courte réponse : *Rendez donc à César, ce qui est à César, & à Dieu, ce qui est à Dieu*. Réponse pleine de lumiére & de sagesse, par laquelle il voulut confondre & réprimer ces esprits inquiets & artificieux, & apprendre à tous les siécles à venir, que les choses temporelles sont toutes du ressort des Princes ; qu'il faut leur être soumis & leur obéir en tout ce qui n'est pas contraire à la loi de Dieu, fussent-ils des payens, des idolâtres & des impies, tels qu'étoient les Césars ; & que la religion, qui n'est occupée qu'à rendre à Dieu ce qui est à Dieu, laisse les Empires dans l'état & dans la constitution où ils se trouvent, sans prétendre y toucher, comme étant choses qui ne sont pas de son ressort.

Les Apôtres instruits par leur divin maître, ont eû soin d'inculquer la même doctrine. *Que toute personne*, dit S. Paul, *soit soumise aux Puissances supérieures. Toute personne sans exception*, dit S. Chrisostome, *fût-il Apôtre, ou Prophéte, qui que ce soit enfin leur doit, non seulement par la crainte du châtiment, mais par devoir de conscience, comme aux Ministres de Dieu, la fidélité, l'obéissance, le tribut, & le secours de leurs priéres* ; sans que cette obéissance puisse souffrir d'autre excéption que les cas, où les Princes commanderoient des choses contraires à la loi de Dieu, & à la vraie piété.

L'Apôtre S. Pierre n'a pas marqué moins précisément la souveraineté & l'indépendance des Rois, & l'obéissance qu'on leur doit.

dre tout different des Royaumes de la terre, & que les Princes n'en ont rien à craindre. Jo. XVIII 36.

XXIII.
4e. Preuve. J. C. a enseigné expressément que les choses temporelles sont toutes du ressort des Princes.

XXIV.
5e. Preuve. Preceptes clairs & absolus de S. Paul, d'être soumis à toutes les Puissances de la terre. Rom. XIII. 1. & suiv. Chrisost. hom. 23. in Epist. ad Rom.

XXV.
6e. Preuve Prec

Pierre aussi formels, & aussi absolus.

Après avoir exhorté les fidéles à se conduire parmi les Gentils d'une maniere sainte, capable de fermer la bouche à la plus maligne médisance ; *Soyez donc soumis*, dit-il, *pour l'amour de Dieu à toutes personnes* ; ou selon la force de l'original, à tout l'ordre que Dieu a établi parmi les hommes, c'est-à-dire, à tout homme qui a du pouvoir sur vous : *Soit au Roy, comme au Souverain; soit aux Gouverneurs, comme étant envoyés de sa part.* Il veut donc que nous regardions dans les Magistrats l'autorité du Souverain, & dans le Souverain l'autorité de Dieu seul, à qui il est immédiatement soumis, & après lequel il est le premier, comme *la seconde Majesté* qui n'a que celle de Dieu au dessus d'elle, ainsi que l'explique Tertulien dans son apologie pour les Chrétiens.

Tertul. Apol. & contre Scap. c. 1.

Or si les Princes étoient, en quelques cas que ce soit, directement, ou indirectement soumis à la puissance Ecclesiastique, il est évident qu'ils ne seroient pas plus immédiatement soumis à Dieu dans l'ordre des choses temporelles, qu'ils le sont dans l'ordre des choses spirituelles ; puisqu'il y auroit une puissance établie entre Dieu & eux, à laquelle ils seroient également comptables de leurs actions, & de laquelle ils dépendroient immédiatement.

XXVI.
En quoi consiste le rapport & l'ordre que Dieu a mis entre les deux Puissances. Beau passage du Pape Saint Gelase, Gelase Ep. 6. ad Imper. Anast. To. VI. des Conc. p. 1296.

Voilà donc l'ordre que Dieu a mis entre les deux puissances ; C'est qu'elles se rapportent toutes deux directement à Dieu, comme à leur principe & à leur fin immédiate : qu'elles sont établies comme ses Ministres pour le faire servir dans l'ordre des choses qui lui sont soumises, & qu'elles se doivent prêter un secours mutuel pour cette fin. Le Pape Gélase admire dans cette distinction & cet ordre des deux puissances, *un effet de la sagesse & de la bonté divine, qui a voulu par là y entretenir l'humilité & la modestie, & les préserver de l'orgueil, auquel seroit exposé un homme qui les réuniroit toutes deux en sa personne : & les mettre en même tems chacune en état de remplir plus facilement & plus décemment les devoirs & les fonctions qui leur sont propres.*

Que pourroit-on imaginer pour affoiblir l'éclat d'une pareille lumiére ?

XXVII.
Réponses aux inconveniens prétendus de l'indépendance de la puissance temporelle. J. C. les a prévus. Quelles elles, quelles

Dira-t-on, que J. C. en soumettant ses Ministres & son Eglise à la puissance des Princes pour ce qui regarde le temporel, n'a pas prévû les inconvéniens qui arriveroient de cette dépendance absolue, & ce qu'ils auroient à souffrir de la part des mauvais Princes & des Magistrats ? Comme si J. C. n'avoit pas éprouvé lui-même la contradiction & la persécution des Puissances du siécle, ainsi que l'avoit prédit David : Comme s'il n'avoit pas

averti

averti ſes Apôtres, *qu'ils ſeroient traînés de tribunal en tribunal*, & *qu'ils auroient à ſouffrir toutes ſortes de perſécutions ?*

Dira-t-on, qu'il a permis dans les cas de commandemens in-juſtes & de perſécutions tirānniques, de s'élever contre les Prin-ces, & de ſe défendre par la force des armes ? lui qui les a envoyés comme des brebis, ſans armes & ſans défenſe, au milieu des loups cruels; lui qui leur a recommandé d'être prudens comme les ſerpens, qui expoſent le corps pour conſerver la tête ; c'eſt-à-dire, le ſalut de l'âme; & d'être ſimples comme des colom-bes; qui ne ſçavent que gémir & ſouffrir, & qui ne fléchiſſent la fureur des hommes que par la patience, la douceur & l'hu-milité ? lui enfin qui ne leur a donné d'autres reſſources & d'autres armes que la fuite, que la confiance dans ſes promeſſes, la patience dans les tourmens, le mépris de la mort, l'eſpérance d'une gloire éternelle, & la force d'annoncer la verité malgré tou-te la fureur des puiſſances.

Dira-t-on enfin, que ces préceptes & ces regles ne regardoient que l'Egliſe naiſſante ; & encore trop foible pour entrepren-dre de réprimer les Puiſſances, mais qu'ils ne conviennent plus à l'Egliſe, depuis qu'elle eſt dans l'âge de ſa force, & en état de faire la loi aux Princes, parcequ'il eſt raiſonnable, diſent-ils, de penſer que J. C. a permis aux Paſteurs de l'Egliſe, de mettre en uſage tous les moyens qui pourroient contribuer à procurer le ſa-lut des ames; qui eſt la fin de leur miniſtére, & par conſéquent de dépoſer les mauvais Princes qui y mettent quelquefois tant d'obſtacles ?

Mais quelles ſeroient donc les autres regles & les autres pré-ceptes que J. C. & les Apôtres ont réſervés pour les tems où l'E-gliſe ſeroit dans toute ſa force? Où trouvera-t-on ce ſecret mer-veilleux de la religion chrétienne, je veux dire, l'établiſſement de cette énorme puiſſance de dépoſer les Rois, & de transférer les Empires, dont J. C. ni les Apôtres n'ont jamais parlé, & qu'ils ont laiſſé à découvrir aux ſiécles futurs, par une longue ſuite de raiſonnemens, de conſéquences & de conjectures, ſans ſeu-lement avertir de ne point tirer à conſéquence leurs exemples, & leurs préceptes généraux, ni de ce que pourroit faire l'Egliſe dans des temps plus commodes ?

J. C. n'a-t-il donc preſcrit à ſes Apôtres la fuite & la patience que juſqu'à ce qu'ils fuſſent aſſés forts pour réſiſter & ſe défen-dre ? Ne les a-t-il envoyés comme des brebis & des colombes, que juſqu'à ce qu'ils euſſent acquis la force des lions, & qu'ils

C

puſſent eux-mêmes ſévir, rompre & abattre toutes les puiſſances de la Terre? Eſt-ce donc *obéir aux Puiſſances en vûe de Dieu, & par conſcience?* Parlons vrai; n'eſt-ce pas plûtôt ignorer l'eſprit du Chriſtianiſme? *Neſcitis cujus ſpiritus eſtis?*

Il eſt vrai que l'Egliſe doit avoir des moyens de procurer le ſalut des ames, & des remedes contre les maux auxquels elle a été & ſera expoſée dans tous les temps: mais ce ſont ceux que J. C. lui-même lui a marqués & preſcrits, & non pas ceux qu'il nous plaira d'imaginer. Comme s'il étoit néceſſaire que J. C. eut laiſſé à ſon Egliſe un pouvoir capable d'écarter tous les maux temporels? Comme ſi ce n'étoit pas au contraire un des grands points de la Doctrine Chrétienne que l'Egliſe & tous ſes enfans auront bien des maux à ſouffrir ſur la terre, contre leſquels ils n'auront d'autres reſſources que la priere & la patience.

Helas! dans quels malheurs n'a-t-on pas précipité l'Egliſe, quand on a voulu recourir à d'autres voyes? N'a-t-on pas toujours éprouvé que les remedes étoient infiniment pires que les maux; & que c'eſt la plus grande de toutes les folies, de ſe mettre dans l'eſprit qu'on peut éviter ici-bas tous les inconveniens, comme ſi nous étions déja dans le Ciel au milieu des Anges?

Mais pour montrer encore plus clairement, (s'il étoit poſſible d'ajouter quelque choſe à l'évidence de ce que nous venons de dire,) combien eſt vaine & chimerique cette prétention nouvelle de pouvoir dépoſer les Rois par l'autorité Eccleſiaſtique, il n'y a qu'à voir où J. C. a placé le fort de la puiſſance Eccleſiaſtique. C'eſt certainement dans l'Anathême: c'eſt juſqu'à l'excommunication que s'étend la ſouveraine Puiſſance qu'il a donnée à ſon Egliſe. C'eſt par l'Excommunication qu'elle frape, pour ainſi dire, ſon dernier coup.

Or voici comme il explique lui-même la force de l'Anathême: *Lorſque votre frere aura péché,* s'il n'écoute par les remontrances que vous lui ferés d'abord en particulier, & enſuite en preſence de quelques perſonnes: *Dites-le à l'Egliſe: & s'il n'écoute pas l'Egliſe, qu'il ſoit à votre égard comme un Payen & un Publicain. Je vous dis en verité que tout ce que vous lierés ſur la terre, ſera lié dans le Ciel; & que tout ce que vous délierés ſur la terre, ſera délié dans le Ciel:* c'eſt-à-dire; que le jugement que l'Egliſe prononcera par ſes Miniſtres contre les pécheurs obſtinés & incorrigibles, ſera ratifié dans le Ciel. Or qu'eſt-ce qu'être devant Dieu comme un Payen & un Publicain, ſinon n'avoir plus aucune part ni à la communion de l'Eglise, ni au Royaume du Ciel, & conséquemment être livré à Sathan : L'Excommunication, quelque effraïante qu'elle soit pour quiconque a un peu de foy, ne prive donc celui qui l'a meritée d'aucune autre chose que des biens spirituels : Elle le reduit à la condition des Payens & des Publicains, qui selon le témoignage de J. C. *Matt. xxij.* même, possedoient à juste titre tous leurs droits, & tous leurs *Luc. xix.* biens. Et si S. Paul declare qu'un Maître infidele conserve toû- *Ep. ad Philem.* jours son autorité particuliere sur un esclave devenu chrétien, doit-on s'étonner que la puissance publique entre les mains des Payens conserve tout son Empire sur des sujets chrétiens, & que J. C. ordonne au peuple de Dieu de rendre une entiere obéissance à des Empereurs infidelles ?

Maintenant à notre égard, qu'est-ce que traiter un homme comme un Payen & un Publicain, sinon, autant que faire se peut & que la nécessité le permet, ne le point fréquenter, ne point lier volontairement d'habitude ni d'amitié avec lui. C'est ainsi que les Juifs en usoient avec les Payens & les Publicains, qu'ils regardoient comme des pécheurs publics & notés : & il est certain que J. C. fait allusion à leur coûtume ? C'est ainsi *1. Cor. v. 2.* que les Apôtres ont prescrit d'en user avec les excommuniés, *2. Thess. iij.* tant pour causer aux pécheurs une confusion salutaire, que *14* pour se garantir soi-même de la contagion du vice. *2 Joan. v 1e.*

L'Excommunication ne sépare donc encore un pecheur obstiné & incorrigible qui en est frappé, comme le dit Tertullien, que *du saint Commerce que les Chrétiens ont entre eux,* (a) dont les conversations & les liaisons d'amitié sont partie ; & elle ne s'étend point aux droits de la société civile, dont les Payens & les Publicains jouissoient paisiblement chez les Juifs, dont le Corinthien incestueux, excommunié par S. Paul, jouissoit chez les Chrétiens, & dont les excommuniés ont joui dans tous les tems, si nous en exceptons les temps de confusion, d'ignorance, & d'erreur, c'est-à-dire, les tems de Gregoire VII. Encore fut-il obligé, quelque violent & quelque rigoureux qu'il fut, de marquer une infinité de cas où il étoit permis de communiquer avec ceux qu'il avoit excommuniés.

Concluons donc par ce raisonnement court, mais sans replique.

L'Excommunication est le dernier coup que puisse frapper

(a) *Tert. Apol.* Ut à communione orationis & conventûs, & omnis sancti commerciî relegetur.

la Puissance que l'Eglise a reçue de Jesus-Christ pour punir & pour corriger : son autorité ne s'étend point au-delà : cela est clair dans l'Ecriture. Or l'Excommunication ne change rien dans les droits des Citoyens & des Princes ; nous l'avons demontré. Donc la Puissance que J. C. a donnée à son Eglise, ne change rien dans les droits des Citoyens & des Princes : & par consequent rien n'est plus éloigné de la Doctrine de l'Eglise que de penser que la déposition des Rois puisse être une peine Ecclesiastique.

XXXI. *Réponse generale & suffisante aux autres frivoles raisons des Ultramontains.*

Nous ne nous arrêterons pas à toutes les mauvaises défaites, aux vaines comparaisons, aux fausses allegories, aux allusions pueriles, aux absurdes interpretations par lesquelles les défenseurs des opinions Ultramontaines tâchent de les appuyer, & d'éluder la force des Textes de l'Ecriture Sainte. Ils devroient avoir honte d'établir une prétention si importante sur des raisons aussi frivoles, de substituer leurs pensées & leurs raisonnemens à ceux de J. C. & des Apôtres, & de les faire parler comme des hommes captieux qui ne chercheroient qu'à tromper & à faire illusion.

Aprés des témoignages si précis & des preceptes si formels de J. C. & des Apôtres, il ne faut plus être surpris, MES CHERS FRERES, de voir les Chrétiens jusqu'à Gregoire VII. si soumis à leurs Princes. L'obéissance qu'ils leur ont rendue, & dont rien n'a jamais été capable de les détourner, tout Payens, Apostats, ou heretiques & persecuteurs que ces Princes étoient, montre bien clairement combien ils étoient persuadés qu'il n'est jamais permis de s'y soustraire sous quelque pretexte que ce soit, ou de crime dans les Princes, ou d'utilité pour l'Eglise. Et les motifs purs & saints de leur inviolable fidelité, prouvent combien il est injurieux au Christianisme de l'attribuer à la foiblesse & à l'impuissance où l'on prétend faussement qu'ils se trouvoient alors de se révolter & de se défendre contre les mauvais Princes.

XXXII. *Preuves de l'indépendance de la Puissance temporelle tirées de la Tradition suivant l'ordre des temps jusqu'à l'entreprise de Gregoire VII. On prévient les mauvaises défaites des Ultramontains, & on montre l'absurdité de leurs réponses.*

I. II. III. SIECLES,

Il suffit d'ouvrir les ouvrages des Peres de l'Eglise pour y trouver partout qu'ils n'obéissoient point par crainte ni par impuissance, mais par soumission à l'ordre établi de Dieu, pour suivre l'exemple & le commandement de J. C. & des Apôtres, & par amour de la tranquilité & du bien public.

Quant aux Empereurs Payens, nous pourions citer S. Irenée, S. Justin martyr, Theophile d'Anthioche, Origene, & tous les Peres des trois premiers siecles de l'Eglise : mais nous nous côntenterons de vous faire entendre Tertullien dans son admirable Apologie, parlant aux Empereurs au nom de tous les Chrétiens, & avec l'applaudissement de toute l'Eglise. *Si nous* *Tertul. Apol.* *voulions*, dit-il, *nous venger des maux qu'on nous fait, je ne dis pas en ennemis secrets, mais en ennemis publics & déclarés; manquerions-nous de forces & de troupes? Nous ne sommes au monde que d'hier, & nous remplissons déja tout votre Empire, vos Villes, vos Isles, vos Châteaux, vos Assemblées, vos Camps mêmes, les Tribus, les Décuries, le Palais, le Senat le Barreau. Il n'y a que vos Temples où l'on ne nous trouve point. Quelle guerre n'aurions-nous pas pû faire avec succès, nous qui craignons si peu la mort, & qui y courons avec tant de joye, si dans notre Religion il n'étoit pas plus permis de se laisser tuer, que de tuer? Nous aurions pû même, sans prendre les armes, & sans nous révolter, combattre avec succès contre vous, en nous séparant seulement d'avec vous. Car si au prodigieux nombre que nous sommes, nous nous fussions retirés dans quelque coin du monde, la perte de tant de Citoyens vous auroit couvert de honte, & nous auroit suffisamment vengés de vous. Vous auriez été saisis d'étonnement & d'effroy à la vûe d'une si affreuse solitude & d'un si profond silence, qui vous auroit représenté l'Univers comme enseveli dans la mort. Vous auriés cherché à qui commander, & il vous seroit resté plus d'ennemis à combattre, que de Citoyens pour vous défendre; car maintenant c'est le grand nombre de Chrétiens qui fait que vous avez peu d'ennemis.* Ce n'étoit donc ni la crainte ni l'impuissance qui les retenoient dans l'obéïssance.

Au IV. siécle sous les Princes apostats & héretiques, c'est un *IV. SIECLE.* fait attesté par tous les Historiens & par les Peres contemporains que la religion chrétienne étoit alors si dominante & si répandue, que selon S. Gregoire de Nazianze, l'on n'auroit pû *Greg. Naz 3a. or. contra Jul. p. 80. Socrat. L. III. 22 Sosom. L. VI. 3. Theod. L. IV. 1.* y toucher, sans ébranler l'Empire Romain, & sans le mettre en danger de sa ruine, & que les armées mêmes n'étoient composées que de soldats chrétiens.

Il n'est pas moins certain que Julien l'Apostat fut le plus dangereux ennemi de la religion chrétienne, & qu'il ne menaçoit de rien moins que de l'exterminer: que la persécution de Constance fut, selon S. Hilaire, plus cruelle & plus fatale à l'Eglise, que celles des Nerons, des Deces, & des Maximiens. Il exila & chassa de son siege jusqu'au Pape Libere, qui succomba enfin. L'Empereur Valens, selon S. Gregoire de Nazianze, ne fut ni *S. Greg. Nazi or. 10.* moins déclaré contre la foi ortodoxe, ni moins cruel contre les Catholiques. On sçait les violences de l'Impératrice Justine contre S. Ambroise.

C iij

Pensa-t-on jamais dans l'Eglise à rien entreprendre contre tous ces Princes, ou même à les menacer de les priver de l'Empire? On déteſta l'impiété & les blaſphêmes de Julien; mais on regarda comme une obligation indiſpenſable, de reſpecter en lui une puiſſance qu'il ne tenoit que de Dieu. *Quia hæc facit Deus,* dit à ce ſujet S. Auguſtin, *propter diſciplinam plebis ſuæ, non poteſt fieri niſi ut exhibeatur honor illi debitus poteſtati.* On lui rendit en effet juſqu'aux honneurs de pure cerémonie.

On reprocha à Conſtance ſes artifices, ſes violences contre les Evêques qu'il obligeoit d'abandonner la foi de Nicée, qu'il chaſſoit de leurs ſieges, qu'il exiloit, qu'il perſécutoit: on le declara ſéparé de la communion des fidéles; on lui dit anathême: mais c'étoit tout ce qu'on ſe croyoit en droit de faire contre lui; & on reconnoiſſoit en même-tems qu'autant qu'il n'étoit pas permis (ſuivant la loi de Dieu) de lui être ſoumis pour le mal, autant on étoit obligé de lui obéir pour le bien, & à tous ceux qui tenoient ſa place; non par crainte & par impuiſſance, mais, comme le diſoit S. Athanaſe dans ſon apologie à l'Empereur Conſtance, parceque c'étoit à lui que Dieu avoit donné la ſouveraine puiſſance dans l'ordre des choſes temporelles, comme il l'avoit donnée à l'Eglise dans l'ordre des choſes ſpirituelles. En effet, ſi les Catholiques avoient eû la moindre penſée que l'Eglise, que le Pape pût dépoſer Conſtance, qu'attendoient-ils? Qui les retenoit au milieu de tant de maux, de tant de forces & de tant d'occaſions? Auroient-ils eû peine à trouver quelque Magnence? N'avoient-ils pas en Occident l'Empereur Conſtant, ſi zélé pour le parti Catholique, qu'il menaça ſon frere Conſtance de lui déclarer la guerre, s'il ne rétabliſſoit S. Athanaſe dans ſon ſiege d'Alexandrie?

Les ſaints Evêques & les ſaints Prêtres que Valens vouloit forcer à entrer dans ſa communion, mépriſent ſes ordres quand il veut ſe mêler de religion, mais ils le reſpectent quand il ne paſſe pas les bornes de ſa puiſſance. Saint Euſebe de Samoſate obéit à l'ordre qui l'envoye en exil, & prêche au peuple la loi de l'Apôtre, *qu'il faut obéir aux Puiſſances.* S. Baſile répond au Préfet Modeſte, *qu'il peut uſer de ſa puiſſance; qu'il eſt prêt à tout ſouffrir; mais qu'il ne lui en connoît aucune dans les choſes de religion.* Le S. Prêtre Euloge répond au même Préfet: *L'Empereur a-t-il donc réuni dans ſa perſonne le Sacerdoce avec l'Empire?* C'eſt ainſi que l'Eglise, dans le tems de ſa plus grande force, reconnoît dans Valens ſon perſécuteur, la même Majeſté que dans Valentinien &

Theod. L. IV. 15

Aug. in pſal. 124
Greg. Naz. or. 3.
Hilar. li. contra Conſt.

Lucif. Calar. L. de non parcendo in Deum delinquentibus Tom. IV. Bibliot. max p. 249.

Athan. Apol. ad Conſt. Imp.

Socrat. L. II. c. 22 Theod. L. II. c. 2. Sofom. L. III. c. 2.

Theod. L. IV. 14.

Greg. Naz. or. 20.

Ibid.

Gratien, Princes si zelés pour la foi catholique, sans seulement penser qu'elle pût déposer Valens.

Que répond S. Ambroise, quand l'Impératrice Justine lui ordonne avec les dernieres menaces, au nom du jeune Valentinien son fils, de livrer les Eglises aux Ariens? *Nous rendons à Céfar ce qui est à Céfar, & à Dieu ce qui est à Dieu. Je ne puis livrer l'Eglife; mais je ne dois point combattre. J'ai des armes, mais ce font celles que J. C. m'a mis en main. J'ai le pouvoir d'offrir mon corps: mes larmes font mes armes. Je ne dois ni ne puis résister autrement.* Amb. or. de Basilicâ. Idem Ep. 33.

Ce font là les réponses d'un S. Evêque dans des circonstances où il étoit le plus fort; où non seulement il avoit pour lui les soldats même de Valentinien, mais toutes les forces & tout l'appui du Tyran Maxime.

On peut juger de-là combien S. Ambroise étoit éloigné d'entreprendre sur l'autorité des Princes, & combien Gregoire VII. a eu tort d'alléguer en faveur de ses entreprises l'exemple de ce Saint contre l'Empereur Theodose.

S. Ambroise après le massacre de Theffalonique, qu'il régarda avec un grand nombre d'autres Evêques comme un crime énorme, & comme une tyrannie inoüie, répréfenta à l'Empereur les jugemens de Dieu, lui interdit l'entrée de l'Eglife, & ne leva l'excommunication, qu'après qu'il se fut foumis à la pénitence publique, & qu'il eut fait une loi qui fufpendoit les exécutions de mort pendant trente jours. Mais dans ce fait, preuve mémorable de la vigueur Epifcopale, y a - t - il le moindre veftige de cette prétendue puiffance indirecte fur le temporel des Rois? S. Ambroise méconnoit-il un moment la puiffance Impériale? Quelqu'un s'avifa-t-il de douter feulement de l'obligation d'être foumis à Theodose, pendant huit mois qu'il demeura dans l'excommunication? ou bien cét anathême avoit-il moins de force que celui qui feroit lancé par le Pape, comme fi le Pape avoit d'autres clefs que les autres Evêques? Theod. l. 5. c. 16. 18. Ambr. l. 5. Ep. 28.

Dans le cinquiéme siécle on voit des Théodorics qui menacent de mettre à feu & à fang toute l'Italie, & qui font mourir en prison les Papes mêmes; des Genferics & des Huneries qui ravagent l'Eglife d'Afrique, des Gondebauds Ariens, Rois des Bourguignons; mais on ne voit pas que les faints Evêques de ce tems-là les menacent d'autre chose que de la colére de Dieu, & qu'en défendant la foi avec courage, ils prêchent avec moins de zele & de foin l'obéiffance que Dieu veut qu'on rende aux Princes impies. V. SIECLE. Fulg. ad Traf. l. 1. c. 2. Gelaf. Ep. 13. ad Dard. Ep.

On voit en Orient un Zenon, qui dans un Edit impie, dit anathême au Concile de Calcédoine ; & à Rome de grands & courageux Papes, Simplice & Felix, qui le laissent joüir en paix d'un très long regne.

On voit son successeur Anastase, encore plus impie, exerçant toutes sortes de cruautés contre les défenseurs du Concile de Calcedoine, & pour cela nommément excommunié en Orient & en Occident : & à Rome de Saints Papes, des Gelases, des Simmaques, des Hormisdas, se contenter de lui remettre devant les yeux les limites des deux puissances, qu'il n'étoit permis ni à l'une ni à l'autre de passer ; & faire en même tems profession d'être soumis à la puissance Impériale, en tout ce qui n'étoit pas contraire à la Loi de Dieu.

Il n'y eut cependant jamais un plus grand sujet, ni d'occasion plus favorable de déposer un Prince. Avant son élection, Anastase s'étoit engagé par écrit & par un serment solemnel, à garder & à protéger la foi ortodoxe. Il n'avoit été élû Empereur qu'à cette condition. Plusieurs Césars s'étoient soulevés contre lui. Le Peuple même, en haine de son hérésie, porta la sédition à Constantinople jusqu'à l'obliger à abdiquer l'Empire, & à déposer la couronne Impériale, qu'il lui rendit aprés par compassion. L'Eglise eut-elle quelque part à tous ces soulevemens ? Les Papes songerent-ils du moins à en profiter ? Ils se contenterent de le faire souvenir des bornes de sa puissance, & du respect qu'il devoit à celle de Pierre. *Precor, Imperator*, dit le Pape Symmaque à l'Empereur Anastase dans son apologie, *memento te hominem, ut possis uti concessâ tibi divinitùs potestate : an quia Imperator es, contra Petri uteris potestatem ?*

Gelas. Ep. ad Symmac. Ep. ad Anastasium.

VI. SIECLE.
Greg. Mag. l. 2 Ep. 61.

Le sixiéme siécle nous fournit une lettre mémorable de saint Gregoire le Grand à l'Empereur Maurice, au sujet d'une Loi qu'il avoit faite, portant défense à ceux qui avoient exercé quelqu'office public & aux soldats enrôlés, d'embrasser la vie monastique. Ce grand & sçavant Pape bien loin de s'attribuer aucun pouvoir de casser, ou de corriger cette Loi, qui lui paroissoit avec raison préjudiciable au salut des ames, reconnoît qu'il est obligé de la publier par obéissance aux ordres de l'Empereur, à qui Dieu avoit soumis tous les Evêques & tous les Prêtres comme les soldats mêmes, & que tout ce qu'il peut faire, c'est de lui répresenter les interêts de Dieu.

VII. SIECLE.

Dans le septiéme siécle, nous trouvons des exemples de persécutions & d'Edits impies des Empereurs Heraclius & Constantin,

tantin, infectés de l'héréfie des Monotelites : mais de la part
des Papes & des autres Saints, il ne nous fournit que des exemples de courage pour défendre la foi, jufqu'à fouffrir l'exil &
la mort, & de fidélité & de foumiffion aux Empereurs.

Le huitiéme fiécle ne nous a donné que des Papes qui enfei-
gnent & qui pratiquent la même doctrine de la fidélité & de
l'obéiffance due aux Princes les plus impies & les plus furieux.

L'Empereur Leon avoit donné un Decret contre les Images,
& perfécutoit partout les fideles qui les défendoient. Il écrivit
des lettres fulminantes au Pape Gregoire II. le menaçaut de
le chaffer de fon fiége, & de le faire mourir, s'il ne fe foumettoit
à fon Decret.

Gregoire II. fe contenta de l'exhorter fortement à ne point
combattre la foi, & de lui repréfenter que l'Empereur n'avoit pas
plus de droit de fe mêler des affaires de l'Eglife, que le Pape en
avoit de fe mêler des affaires de l'Empire, & de donner des di-
gnités Royales : *Quemadmodum Pontifex introfpiciendi in Palatia
poteftatem non habet, ac dignitates Regias deferendi ; fic neque Imperator in Ecclefias introfpiciendi.* Et du refte non feulement il demeura fidéle ; mais il contint dans l'obéiffance ceux qui en haine de fon héréfie vouloient fe fouftraire à fon Empire ; & il n'é-
pargna rien, ou pour empêcher que les princes voifins ne s'empa-
raffent de fes Places, fous le prétexte de religion, ou pour les lui
faire rendre, & laiffa ainfi à fes Succeffeurs un exemple, non
qui leur apprit à ne pas laiffer fur le Throne des Princes Hérétiques, comme les adulateurs des Papes ont ofé l'inventer, contre la foi des propres Ecrits de ce Pape, contre la certitude de
l'hiftoire & contre l'érat des affaires de ce tems-là ; mais à recon-
noître la Majefté Royale, & à lui rendre une fidélité inviolable
malgré les motifs humains les plus preffants, & les occafions
les plus favorables, & les plus avantageufes.

En effet, non feulement Gregoire III. fon fucceffeur immédiat, toute l'Italie, & les Papes fuivans, Zacharie, & Etienne
II ; mais encore toute l'Eglife d'Orient, reconnurent toujours
Conftantin-Copronime, & Leon-Chazare pour leurs Empereurs légitimes, à qui Dieu leur ordonnoit d'être foumis, malgré leur opiniâtreté dans l'héréfie, leurs perfécutions cruelles &
le violément de leur ferment. Ainfi toute l'Eglife Catholique fut
ravagée pendant 60. ans par trois Empereurs impies & cruels,
fans que ni dans l'Orient ni dans l'Occident, qui que ce foit,
ni Pape, ni Evêque, ni Religieux, ni peuple, ayent feulement

D

penſé à leur ôter l'Empire, ni à ſe ſouſtraire à leur domination.
Tant on étoit alors éloigné de mettre la reſſource de l'Egliſe,
& la force des Papes, quand les Princes ſont impies ou cruels,
où on voudroit aujourd'hui la placer.

IX. SIECLE.

Dans le neuviéme ſiécle Louis le Debonnaire Empereur & Roy
de France fut détrôné par la faction de ſon fils Lothaire, par la
trahiſon des Grands du Royaume & des Evêques ſéditieux, &
par la défection des Troupes : mais bientôt après il fut rétabli
ſur le Trône par ſes autres enfans, avec l'applaudiſſement de
toute la Nation, ſans que le Pape ait eu aucune part, ni à ſa dépoſition, ni à ſon rétabliſſement.

Ce fait nous fournit en même tems, & un exemple d'un at-
tentat horrible déteſté de tous les gens de bien, & une preuve
manifeſte qu'on ne penſoit gueres alors à la prétendue puiſſance indirecte de dépoſer les Rois.

Le Pape Nicolas I. en menaçant Lothaire le jeune Roy d'Au-
ſtraſie des foudres de l'Egliſe, & en l'excommuniant en effet,
croit avoir frappé ſur lui le dernier coup de la puiſſance Eccleſiaſtique. Auroit-il manqué de moyens de le détrôner, s'il avoit
crû avoir le pouvoir de le faire? Charles le Chauve ſon oncle
ne manquoit pas d'envie d'avoir ſon Royaume, & n'auroit cherché qu'un ſpécieux prétexte de l'envahir alors. En effet, il s'en
empara auſſi-tôt après la mort de Lothaire, & le garda malgré les menaces foudroyantes & les excommunications du Pape
Adrien II. qui pour le faire tomber à l'Empereur Louis, frere
du deffunt, employa tout ce qu'il croyoit avoir de puiſſance &
Hincmar. Epi.
41. ad Adr. II. de force. On peut voir dans les lettres qu'Hincmar écrivit à ce
Pape au nom de la Nation, le cas que les François firent de ſes
menaces, & combien ils trouverent étrange que le Pape voulût
ſe mêler de ce qui regardoit l'adminiſtration du Royaume; quoiqu'il ne penſât point du tout à en diſpoſer par ſa propre autorité.

On voit en effet par la lettre du Pape Etienne V. à l'Empereur
Baſile qui ſoutenoit Photius contre toutes les regles de l'Egliſe,
combien les Papes étoient encore éloignés de s'attribuer aucun
pouvoir ſur le temporel, ou à mettre aucune ſubordination entre la puiſſance temporelle & la ſpirituelle. Voici les propres
paroles de ce S. Pape.

„ Car quoique vous repréſentiez ſur terre la perſonne de J. C.
„ le ſouverain Empereur, vous ne devez cependant prendre ſoin
„ que des choſes temporelles & civiles, & nous prions Dieu que
„ vous puiſſiez le faire encore bien des années. De la même ma-

» niere donc que Dieu vous a établi sur nous pour gouverner
» les choses de la terre, de même aussi Dieu nous a établi
» pour gouverner les choses spirituelles, dans la personne de
» Pierre Prince des Apôtres. Ecoutez favorablement, je vous
» prie, ce que nous allons vous dire. Vous êtes chargé du
» soin de réduire & d'abattre par le glaive de la puissance que
» vous avez reçue, l'impiété & la férocité des Tyrans, d'admi-
» nistrer la justice à vos Sujets, de faire des Loix, de ranger &
» de commander des armées sur terre & sur mer. Ce sont là les
» principales fonctions & les principaux devoirs de la souve-
» raine puissance dont vous êtes revêtu. Mais c'est à nous qu'a
» été confié le soin du troupeau, & l'excellence de cette digni-
» té surpasse autant celles de la terre, que les choses célestes
» sont au-dessus des terrestres. *

Voilà en quoi le Pape Etienne fait consister la prééminence de
la puissance spirituelle. C'est en ce qu'elle a un objet plus relevé,
& non en ce qu'elle peut redresser, corriger, & oter la puissance temporelle, en vertu de la subordination des choses temporelles aux spirituelles.

Alléguer après cela, comme font les Ultramontains, les menaces que Foulques Archevêque de Rheims fait au jeune Charles le simple, comme un pere à son fils, qu'il avoit élevé depuis
son enfance, & rétabli lui seul sur le Trône de ses peres, pour le
détourner d'un mauvais dessein; c'est faire voir qu'on manque
de jugement & de toutes sortes de preuves pour établir un droit
chimérique.

Atton Evêque de Verceil dans sa lettre à l'Evêque Valdon, X. SIECLE.
& le Bienheureux Burchard Evêque de Vormes, sont d'illustres Spicil. to. VIII.
témoins dans le dixiéme siécle de la même doctrine de la souve- p. 99.
raineté des Rois immédiatement soumis à Dieu seul. C'est pour- Decr. lib. XV.
c. 38. &c.
quoi, lorsque le Roy Robert, fils d'Hugues-Capet fut excommunié pour avoir contracté un mariage incestueux avec Berthe sa
proche parente, il ne fut question, ni de le déposer, ni de lui
refuser l'obéissance. Cela ne vint pas seulement dans la pensée.

* Licèt enim ipsius Christi Imperatoris similitudinem in terris geras, rerum tamen mun-
danarum & civilium tantùm curam gerere debes, quod etiam precamur ut ad multos an-
nos præstare valeas. Quo igitur pacto à Deo largitus es nobis terrenis rebus præesse, ita
etiam nos per Principem Petrum spiritualibus rebus Deus præfecit. Accipe, quæso te, be-
nigna fronte quæ sequuntur. Datum est tibi curare, ut Tyrannorum impietatem & feritatem
gladio potentiæ concidas, ut justitiam ministres Subditis tuis, ut leges condas, ut terra-
mariqúe militares copias disponas. Hæc est præcipua cura potentiæ & principatus tui. Gre-
gis cura verò nobis commissa est tantò præstantior; quantum distant à cælo quæ in terris
sunt. Ep. 1. Steph. V. To. IX. Conc.

XI. SIECLE.

Enfin dans le XI. fiécle perfonne n'avoit encore abandonné l'ancienne Tradition. Les prédeceffeurs de Gregoire VII. ne connoiffoient point encore la mode qu'il a inventée de menacer les Rois de les dépofer, & de retirer les peuples de leur obéiffance.

S. Leon IX. ne menace André Roy d'Hongrie que de l'excommunier, s'il ne fe rendoit à fes confeils pour terminer la guerre qu'il avoit avec l'Emp. Henry II; Victor II. ne croit pas pouvoir faire d'avantage contre Ferdinand Roy de Caftille & de Leon, s'il ne fe defiftoit pas de fon entreprife. Alexandre II. prédeceffeur immédiat de Gregoire VII. cita l'Empereur Henry IV. fur des accufations de fimonie, & fur d'autres crimes. Et fous fon Pontificat Pierre de Damien fit un traité fur la validité de fon élection (quoiqu'elle eut été faite fans la participation du Roy) contre l'Antipape Cadolaüs, où il enfeigne expreffément la diftinction, la fouveraineté, l'indépendance, & la concorde des deux puiffances.

Pet. Damian.
Ep. ad Firm. Ep.
Bar. tom. XI.
an. 1053.

Enfin Gregoire VII. lui-même jufqu'à la quatriéme année de fon Pontificat, ne connoiffoit point d'autre peine à décerner contre l'Empereur Henry IV. que celle de l'excommunication.

XXXIII.
Ce qu'on doit
conclure de
cette tradition;
belle raifon de
S. Optat.

Ainfi il demeure pour conftant, que depuis les Apôtres jufqu'à l'an 1076, l'Eglife n'a connu, ni exercé d'autre puiffance ni contre les Princes, ni contre les Particuliers, ni contre les Clercs, ni contre les Laïques, pour quelque crime que ce fût, que la puiffance fpirituelle. Elle n'a jamais décerné, ni même menacé d'aucunes peines témporelles, ni les Princes ni leurs Sujets. Il eft donc auffi certain que l'Eglife n'a reçu de J. C. aucune puiffance de décerner des peines temporelles, qu'il eft certain qu'elle a reçu de lui le pouvoir de décerner des peines fpirituelles.

Optat. Milev.
lib. III.

C'eft qu'en effet, comme l'enfeigne S. Optat : *L'Etat n'eft pas dans l'Eglife; mais l'Eglife dans l'Etat.* Elle y eft entrée comme une étrangere & une pelerine, qui ne s'ingere pas d'y rien changer, ni de toucher à fes droits, & qui fe bornant aux chofes qui lui font confiées, fe contente d'inftruire & de prier; de recevoir dans fa fociété ceux que le fouverain Pafteur y amene, & d'en exclure ceux qui s'en rendent indignes, en les réduifant à la condition des Payens.

XXXIV.
Réponfe à
l'objection ti-
rée de la pré-
tendue depofi-
tion de Childe-
ric Roy de
France, par le
Pape Zacharie.

Et qu'on ne nous objecte point la dépofition de Childeric, dernier Roy de la premiére Race des Meroüingiens; puifqu'il eft certain que cette dépofition, par laquelle ce Prince faineant ne perdit que le nom de Roy, & l'élection de Pepin qui avoit dès auparavant toute la puissance Royale en main, en qualité de Maître du Palais, & de Prince héreditaire Souverain des François, comme l'avoit été Charles-Martel son pere, ne se firent point par l'autorité du Pape Zacharie; mais par le choix & le consentement de toute la Nation, & que d'ailleurs un fait extraordinaire, juste, ou injuste, ne suffira jamais pour donner au Pape le droit de déposer les Rois & de disposer de leurs couronnes, ou de commander à une Nation libre de se choisir un Roy.

Qu'on n'allegue point non plus la translation de l'Empire Romain aux François, puisqu'il est encore certain, qu'elle ne se fit point par l'autorité Ecclesiastique du Pape, mais par celle que le droit des Gens, & la Loi naturelle donnoit à la Ville de Rome, qui se voyant abandonnée par ses anciens Maîtres, & prête à tomber entre les mains cruelles de ses ennemis, fut forcée d'avoir recours à la protection & aux armes victorieuses des François & de Charlemagne. D'ailleurs tous les changemens arrivés dans l'Empire Romain par la necessité des tems, par la vicissitude & la caducité naturelle des choses humaines, quelque part que les Papes & les Evêques y ayent pû avoir, selon le crédit & l'autorité qu'ils s'étoient acquis, ne serviront jamais de rien pour prouver, contre l'autorité manifeste de l'Ecriture & de la Tradition, que Jesus-Christ ait accordé ni directement, ni indirectement à l'Eglise aucune puissance temporelle.

Cette tradition constante qui s'étoit transmise sans aucun nuage jusqu'à Gregoire VII. n'a été ni affoiblie, ni obscurcie par les funestes decrets de ce Pape contre l'Empereur Henry IV. ni par ceux d'entre les Papes qui ont suivis un si pernicieux exemple. La regle de la verité catholique subsistera toujours. *Il n'y a de vrai que ce qui a été enseigné en tout tems, & en tout lieu. Toute Doctrine nouvelle & inventée dans la suite des temps, est fausse & étrangere. ID verum quod prius, id adulterum quodcumque posterius.*

La nouvelle opinion de Gregoire VII. ne trouva point de Sectateurs de son temps. Ceux même qui refuserent l'obéissance à Henry, ne s'appuyoient point sur le prétendu pouvoir que ce Pape s'arrogeoit de déposer les Rois, dont ils se moquoient comme d'une nouveauté inouïe; mais uniquement sur l'excommunication, dont ils entendoient mal les effets; c'est à dire, sur cette erreur manifeste, que l'excommunication rompoit tous les liens de la societé civile, & qu'il falloit ou mépriser les Censures de l'Eglise, & devenir schismatiques, ou abandonner l'Empereur; les personnes instruites sçavoient

Vita Ott. Bamb.
Ep Leod. Bar-
ron. t. XII. an.
1102. p. 25.

diſtinguer ce q'ils devoient à la puiſſance eccleſiaſtique, & ce qu'ils devoient à la puiſſance temporelle. Ils regardoient l'Empereur comme excommunié, & ne communiquoient avec lui ni dans le mal, ni dans les choſes ſaintes ; mais ils lui rendoient l'obéïſſance & tous les devoirs dûs à la Majeſté Royale.

Les Papes eux-mêmes ſe défioient tellement de cette flateuſe idée, qu'ils ne preſſoient ouvertement perſonne, & ne propoſoient pas même aux Evêques de l'appuyer de leur ſuffrage. Tous les Decrets de dépoſition furent rendus par Gregoire VII. Calliſte II. & Paſchal II. contre les deux Henry, pere & Fils, même par Innocent IV. contre Frederic II. ſans déliberation ni approbation d'aucun Concile : tandis que les Sentences d'excommunication ſe prononçoient contre les mêmes perſonnes, par déliberation & avec approbation des mêmes Conciles. Ce fait eſt certain, & il eſt important de le bien remarquer.

Philippe I. Roy de France fut excommunié pluſieurs fois par Urbain II. & par les Evêques de France pour avoir repudié Berthe ſa femme légitime, & épouſé Bertrade femme du Comte de Flandre & ſa proche parente : mais ce Pape ne s'aviſa pas d'entreprendre de le dépoſer, quoi que Gregoire VII. l'en eut menacé pour autre choſe, quoiqu'il mépriſât les cenſures de l'Egliſe, & qu'il ajoutât à ſes crimes la perſecution contre les plus ſaints Evêques de ce temps-là.

Quand les Empereurs, les Rois excommuniés & prétendus dépoſés ſe reconcilioient avec le Pape, il n'étoit pas queſtion ni de dépoſition, ni de rehabilitation. Tant on étoit perſuadé de part & d'autre que le Pape ne pouvoit en cela ni rien donner, ni rien ôter.

Quand les Schiſmatiques revenoient à l'obéïſſance du Pape légitime, on leur demandoit ſimplement qu'ils reconnuſſent qu'ils avoient mal fait de ſuivre l'Antipape, & d'avoir mépriſé les cenſures portées contre le Roy, & on ne leur parloit pas du mepris qu'ils avoient fait de la Sentence de dépoſition, ni d'avoir rendu au Roy les devoirs civils.

Tous les grands hommes de ce temps, Yves de Chartres, Anſelme de Cantorberi, S. Bernard & tant d'autres dont nous avons les écrits, tous zélés pour la deffenſe de la Diſcipline eccleſiaſtique & des Droits de l'Egliſe, improuvent hautement cette nouvelle prétention, & par leur ſilence, & par leur
Bern lib. 1. de
Conſid.
exemple, & par l'approbation qu'ils donnent à ceux qui n'y avoient point d'égard, & par la Doctrine contraire qu'ils en-

feignent,& par les invectives qu'ils font contre les flateurs, qui
pouſſent les Papes à ſe mêler des affaires temporelles.

C'eſt pourquoi il ne faut pas s'étonner ſi dans le même-tems XII.
SIECLE.
Radevic. lib. I.
vers le milieu du XII. ſiécle, l'Empereur Frederic & tous les
Evêques de l'Empire ſe recrierent avec tant de force contre
Adrien IV. qui paroiſſoit prétendre que les Empereurs tenoient *Adrien IV. Ep.*
IV. ad Freder.
des Papes la Couronne & l'autorité Imperiale ; qu'il fut obli-
gé de s'expliquer favorablement, & qu'il declara qu'il n'enten-
doit pas donner dans le ſacre des Empereurs la Couronne imperiale autrement que les Evêques la donnent aux Rois dans
leurs ſacres.

Le même Empereur ayant été excommunié pluſieurs fois
par Alexandre III. parce qu'il ſoutenoit l'Antipape Octavien,
nommé Victor III. & enſuite dépoſé, fut toujours reconnu
pour Empereur par tout le monde, & par le Pape même Alexandre III. qui pour le reconcilier à l'Egliſe, traita avec lui comme Empereur, & n'exigea de lui que l'abjuration du ſchiſme :
Tant les Papes eux-mêmes regardoient ces prétendues dépo-
ſitions comme vaines & nulles d'elles-mêmes ; tandis qu'ils regardoient l'excommunication comme une choſe très-ſerieuſe
& très-importante. Tant ils ſe défioient du prétendu pouvoir ſur le temporel, comme d'une chimere ſortie du cer-
veau de Gregoire VII. pendant qu'ils s'appuyoient ſi fort ſur la
puiſſance ſpirituelle qu'ils avoient reçûe de J. C. Ainſi plus d'un
ſiécle ſe paſſe depuis Gregoire VII. ſans aucun progrès pour la
nouveauté, & ſans aucune atteinte à l'ancienne doctrine.

Les Papes n'avoient juſqu'ici entrepris de dépoſer que des XIII.
SIECLE.
Empereurs & des Rois de Germanie. Innocent III. eſt le premier qui ait voulu dépoſer d'autres Rois.

Jean Sans-terre Roy d'Angleterre ayant refuſé de recevoir *Matt. Par. an.*
1207. p. 222.
&c.
pour Archevêque de Cantorbery le Cardinal Etienne de Lan-
geton, élû par ordre du Pape, ſon Royaume fut mis d'abord
en interdit ; enſuite il fut nommément excommunié : Ce qui
ne l'empêcha pas de regner. Mais en 1212. le Pape voyant toute
l'Angleterre ſoulevée contre ce malheureux Prince, il profita de
l'occaſion, le dépoſa & donna ſon Royaume à Philippe Roy de
France & à ſes ſucceſſeurs, en chargeant ce Prince expreſſément
de l'éxécution de la Sentence pour la remiſſion de ſes pechez.

Voilà donc un Roy & toute une Famille Royale, quoiqu'in-
nocente, détrônée ; un Royaume privé à jamais du droit de s'é-
lire un Roy, & transféré à des Etrangers : c'eſt-à-dire, que voilà

la porte ouverte à la haine, à l'ambition & à l'injuſtice, & une
ſource de guerres cruelles, de deſordres & de confuſion. En effet
c'eſt à quoi aboutit ce prétendu pouvoir de regler le temporel ;
car Jean Sans-terre étant venu à mourir, toute l'Angleterre
appaiſée ſe tourna du côté de Henry ſon fils, qui regna paiſiblement.

Perſonne n'ignore le fameux differend de Boniface VIII.
avec Philippe Le Bel, avec quel zele, quel courage, & quelle
union le Roy, le Royaume, & toute l'Egliſe Gallicane ſoû-
tinrent l'indépendance de la puiſſance Royale contre ce Pape
hautain, entreprenant & ambitieux, qui vouloit ſe procurer
une ſouveraineté temporelle & ſpirituelle ſur toutes les puiſſances de la chretienté. On ſçait où ſe terminerent tous les efforts de Boniface. Auſſi tôt après ſa mort ſes ſucceſſeurs s'em-
preſſerent de lever les excommunications qu'il avoit lancées
contre le Roy, contre les Evêques & tous les Grands ; ils caſ-
ſerent tout ce qu'il avoit fait pour ſe ſoûmettre la puiſſance
Royale quant au temporel ; bifferent & effacerent des regiſtres
publics tous les Actes, afin qu'il n'en reſtât aucun veſtige à la
poſterité ; pendant que les maximes dont le Roy, le Royaume
& l'Egliſe de France firent alors une ſi éclatante profeſſion,
ſont demeurées, ſans atteinte de la part des Papes mêmes, con-
ſacrées à la mémoire de tous les ſiécles. Monument éternel qui
prouvera à jamais qu'une doctrine fondée ſur l'Ecriture, ſur
l'antiquité, ſur la Tradition, ne peut être ébranlée dans l'E-
gliſe Catholique, ſous quelque nom, & par quelqu'autorité
qu'elle ſoit attaquée.

X I V.
SIECLE.
Rainald. to.
xv. an 1314.
n 19.
Gold. Conſt.
Imp. to 1.

Quoique le démêlé de l'Empereur Louis de Baviere avec
Jean XXII. qui pretendoit avoir le droit de confirmer l'E-
lection des Rois des Romains, ne regarde que les droits particuliers que les Papes prétendoient s'être acquis ſur l'Empire
Romain ; cependant les déclarations ſolemnelles que l'Empereur & tous les Electeurs firent alors, prouvent invinciblement
que l'on penſoit en Allemagne comme en France ſur la ſouveraineté & l'independance des puiſſances, & ſur les entrepriſes des Papes.

X V I.
SIECLE.

Le Decret de Jules II. contre Jean d'Albret Roy de Navarre,
par lequel il le dépoſoit & donnoit ſon Royaume aux Eſpagnols,
montreroit bien, s'il n'étoit ſuppoſé, que les Papes peuvent
fournir des prétextes à l'ambition & à l'injuſtice pour s'empa-
ſer du bien d'autrui ; mais non pas donner des titres legitimes ;

puiſque

puifque cette prétenduë tranflation du Royaume de Navarre a paru injufte aux Efpagnols mêmes, & a été jugée nulle par les Papes. Car il eft certain que Pie IV. reconnut Antoine de Bourbon, Pere d'Henry le Grand, pour legitime Roy de Navarre, & cita pour crime d'héréfie Jeanne d'Albret fa veuve, comme Reine de Navarre, fous peine de privation de fon Royaume fi elle ne comparoiffoit, par une Bulle que Charles IX. lui fit révoquer, indigné de l'injure que le Pape faifoit à la Majefté Royale, en la perfonne de fon alliée & de fa parente.

Les Decrets de Paul III. contre Henry VIII. Roy d'Angleterre, & de Pie V. contre la Reine Elizabeth, aufquels les Princes Catholiques n'eurent aucun égard : ceux de Sixte V. & de Gregoire XIV. contre Henry IV. ne fervirent qu'à faire éclater de plus en plus dans toute la chrétienté l'averfion de toutes les Nations pour les nouvelles & chimeriques idées de la Cour de Rome, & en particulier l'attachement inviolable du Royaume & de l'Eglife de France à l'ancienne Doctrine, & à confirmer ce qu'une experience conftante n'avoit que trop fait connoître; que les prétentions des Papes fur le temporel des Rois, ne pourront jamais produire d'autre effet que de rendre les Papes odieux, troubler l'Eglife & les Etats, exciter des guerres cruelles, & remplir tout de divifion, de fang & de carnage. J. C. fi humble, fi doux & fi pacifique, pourroit-il donc être l'Auteur d'une telle puiffance?

Mais la maniere dont Henry le Grand a été reconcilié à l'Eglife, & abfous de l'herefie par le Pape Clement VIII. fans qu'il y fut queftion ni de dépofition, ni de réhabilitation, fait bien voir que les Papes eux-mêmes, croyent leurs prétentions mal fondées, & que les François ne renonceront jamais à leurs maximes.

Le dix-feptiéme fiecle nous fournit enfin un exemple fameux, & une preuve certaine que les Papes à la verité ne ceffent point d'entreprendre fur les puiffances temporelles, mais en même temps qu'on peut repouffer leurs entreprifes fans bleffer la Religion, ni le refpect dû au S. Siege.

Paul V. ayant excommunié le Doge & le Sénat de Venife, & mis toute la République en interdit pour l'obliger à révoquer de certaines loix, & de certains décrets concernant les

Jean Mariana
Spondan.
Rainald.

Hiftoire de
Thou,   l. 84.
p. 4. & 46.

XVII.
SIECLE.

Monit. Paul V.
Gold. t. 3 p.
282.

E

biens des Ecclefiaftiques, le Sénat & la République regarderent cette excommunication comme nulle de plein droit; & bien loin de révoquer la Loy, ils publierent un Décret qui portoit : *Que la puiſſance des Princes n'eſt ſoûmiſe qu'à Dieu ſeul dans le temporel, & que le Pape ne pouvoit s'en mêler, ſans paſſer les bornes de ſon pouvoir, & ſans aller contre la doctrine de l'Ecriture, des Peres & des SS. Canons.* Tous les Sujets de la République, Eccleſiaſtiques, Religieux & Laïcs ſe ſoûmirent au Decret du Sénat : L'excommunication tomba d'elle-même ; & les Vénitiens, ſans avoir demandé ni reçû aucune abſolution, n'en furent pas moins bons Catholiques, ni moins fideles enfans de l'Egliſe Romaine. La France & l'Eſpagne prirent part à cette affaire, & applaudirent : aucun Catholique, hors de la Cour de Rome, ne prit la défenſe de Paul V : perſonne, pas même aucun Pape, n'improuva le Décret du Sénat, ni la doctrine qu'il contient.

XXXVIII.
Les IV. fameux articles du Clergé de France de 1682 ſur la puiſſance Eccleſiaſtique.

Edit du Roy Louis XIV.

Vous n'avez pas encore oublié, Mes chers Freres, les celebres articles de l'Aſſemblée generale du Clergé de France tenuë à Paris en l'année 1682. qui ont été confirmés par le conſentement unanime de toutes les Egliſes de France, & que le feu Roy Louis XIV. d'heureuſe mémoire a ordonné par un Edit perpetuel & irrévocable, qu'ils ſeroient enregiſtrés dans tous les Parlemens & tous les Tribunaux du Royaume, & enſeignés dans toutes les Univerſités & dans toutes les Ecoles de Théologie & de Droit Canon. Articles par conſequent que nous pouvons appeller avec les grands Evêques qui compo-

Epiſt. Cleri Gall. 1682. ad Gal. ia Epiſc.

ſoient cette Aſſemblée, *des Canons de l'Egliſe Gallicane* dont *l'autorité ſera à jamais reſpectable à tous les Fideles.*

Nous croyons néanmoins devoir vous les remettre devant les yeux, & vous les trouverés imprimés à la fin de cette Inſtruction avec l'Edit du Roy, ces articles que l'Egliſe Gallicane a poſés comme le fondement inébranlable de la paix de l'Egliſe & de l'Etat, & comme le lien du Sacerdoce & de l'Em-

Ibid.

pire ; ou plutôt *qu'elle n'a fait que rappeller dans la memoire des Fideles comme les anciennes regles qui font la ſûreté de l'Egliſe & du Royaume de France, qui ſervent de barriere & à la baſſe adulation, & au deſir immoderé d'une fauſſe liberté, & qui contenant tout dans les bornes que nos Peres ont poſées, nous affermiſſent dans l'unité, & nous délivrent de tout danger, de trouble & de diviſion.*

La doctrine de ces articles étant donc la doctrine de tous les temps, il ne faut pas être surpris de voir la plus celebre & la plus sçavante Faculté de Théologie du monde si attentive à la conserver ; censurer la doctrine contraire à celle de l'independance de la puissance temporelle dans le livre de Santarel Jesuite , & dans les Theses du Frere Malagola Dominiquain Italien , comme *nouvelle , fausse , erronée , contraire à la parole de Dieu , rendant la dignité Pontificale odieuse , ouvrant la porte au schisme , dérogeant à l'autorité souveraine des Rois qui ne dépend que de Dieu seul , empêchant la conversion des Princes infidéles & hérétiques , perturbatrice de la paix publique , renversant les Royaumes, les Etats & les Républiques , détournant les sujets de l'obeissance & de la soumission , & les excitant aux factions, aux révoltes , aux séditions, & aux parricides des Princes.* La même Faculté eut soin aussi de publier en 1663. des articles sur la puissance spirituelle & temporelle qui contiennent la même doctrine que ceux que le Clergé de France publia en 1682.

Il ne faut pas non plus être surpris de voir le premier & le plus auguste Parlement du Royaume , toujours attentif à maintenir l'autorité Royale, les droits de la Couronne , les libertés de l'Eglise Gallicane , ausquelles les nouvelles opinions de l'infaillibilité & de la superiorité du Pape au Concile sont directement opposées , réprimer par la séverité de ses Arrêts, (a) les efforts & les artifices pratiqués depuis quelque temps par les partisans de la Cour de Rome , pour élever la puissance du Pape par de fausses prérogatives , & pour introduire en France les opinions nouvelles des Ultramontains.

Il est donc indubitable, MES CHERS FRERES , que l'Eglise n'a reçû de J. C. ni directement, ni indirectemt , aucune puissance sur le temporel. Aussi ne s'en est-t-elle jamais attribuée aucune. Si quelquefois dans les Conciles Generaux elle a decerné des peines temporelles contres les Hérétiques , leurs fauteurs & leurs défenseurs, comme dans le III. & le IV. Concile de Latran, & dans les Concils de Constance & de Bâle, elle a eû soin de faire entendre & de déclarer aprés Saint Leon , qu'elle sçavoit

[a) Arrêts de 1581. 1595. 1610 contre le livre du Cardinal Bellarmin de la puissance du Pape sur le Temporel contre Barclay.
Arrêt de 1663. pour l'enregistrement des Articles de la Faculté de Théologie. Réquisitoire de M. Talon Avocat General.

S. Leon Ep. 83.
III. Conc. de
Latr en to. X.
Conc. Labb. p.
1523.

distinguer, ce qu'elle ordonnoit par son autorité propre & *innée*, pour me servir de ce terme, & ce qu'elle pouvoit faire *par l'autorité & par le secours des Princes*, dont nous avons tant de Loix anciennes & nouvelles contre les Hérétiques & leurs fauteurs. Elle a toujours pensé que les Princes ayant aux Conciles Generaux, où ils sont tous appellés, des Ambassadeurs qui donnoient leur consentement & leur approbation aux Decrets concernant le temporel, ces sortes de Decrets ne tiroient leur force que du consentement & de l'approbation de la puissance civile; comme ce que les Princes ordonnent souvent sur le spirituel, n'a d'autorité légitime que celle qu'ils empruntent de la puissance Ecclesiastique; & que tout ce que les deux Puissances paroissoient usurper l'une sur l'autre, étoit, comme le remarque Pierre de Damien Cardinal, Evêque d'Ostie, *un heureux effet de leur union & de leur concorde.*

Ce n'est pas que les Papes, les Evêques & les Eglises particulieres n'ayent acquis par la suite des tems des domaines & des droits temporels qu'ils possedent à juste titre; mais ils ne les tiennent que de la liberalité & du consentement des Princes, ou des peuples, & non de l'institution de J. C. & cette portion de puissance temporelle qu'ils exercent, n'est ni une dépendance, ni une suite de la puissance spirituelle.

XLII.
Le Decret
d'Innocent IV.
contre l'Empe-
reur Frederic
dans le Conci-
le de Lyon, ne
fût point non
plus que tous
les autres sem-
blables un Ac-
te de ce Conci-
le, ni de la
puissance des
Clefs.

C'est sans doute à raison de ces titres particuliers & acquis, que les Princes & les Evêques qui assisterent au I. Concile de Lyon, ne prirent aucune part à la Sentence de déposition que le Pape Innocent IV. y prononça contre l'Empereur Frederic II. Ils crurent que cette affaire ne regardoit que le Pape seul, non comme Successeur de S. Pierre & Chef de l'Eglise universelle; mais comme se prétendant Seigneur Suzerain de l'Empire, que les Papes disoient depuis longng-tems fief du S. Siege; non comme exerçant la puissance des clefs qu'il avoit reçue de J. C. mais comme exerçant des droits particuliers que les Papes préten-doient avoir acquis par la suite des tems sur les Empereurs Romains, de confirmer ou de casser les élections, d'établir ou de déposer les Empereurs: droits que le Concile & les Princes pou-voient croire n'avoir aucun interêt de lui contester.

Quoi qu'il en soit, il est certain que le Concile ne regarda point cette déposition comme un Acte Ecclesiastique; puisqu'il est dit expressément qu'elle se fit en presence du Concile, *præsente Concilio*; & non du consentement & de l'approbation du Concile, *approbante Concilio*. Car il eſt certain qu'il ne s'eſt jamais fait dans aucun Concile aucun Acte, ni aucun decret Eccleſiaſtique, de quelque nature qu'il ſoit ſur les choſes les plus importantes comme ſur les plus petites, qu'il ne porte qu'il a été fait par l'autorité commune, & avec l'approbation du Concile.

Les Peres & les Theologiens ont toujours enſeigné, & les Evêques ont toujours été convaincu que toute la puiſſance des clefs réſidoit en leurs perſonnes, comme dans celle du Pape, quoique dans celui-ci d'une maniere plus éminente : qu'il n'y a qu'un Epiſcopat que tous poſſedent ſolidairement, & que le Pape ne peut rien faire ni ordonner, que les Evêques ne le puiſ-ſent ſous lui & avec lui. C'eſt pour cela que dans ce Concile, comme dans d'autres, lorſqu'il s'agit d'excommunier l'Empe-reur, les Evêques prononcent avec lui l'excommunication, comme étant un acte de la puiſſance des clefs qu'ils poſſedent en commun; & qu'ils ne prennent aucune part à la depoſition pour laquelle ils ne s'attribuent aucun droit ni inné, ni ac-quis.

Voilà MES CHERS FRERES, l'Inſtruction que nous avions a vous donner. Vous devez la recevoir avec d'autant plus de joye & de confiance qu'elle ne contient que la pure Doctrine que notre cher & très honoré oncle Evêque de Meaux a cru ſi certaine, qu'il proteſte (a) *qu'il la portera avec aſſurance au Tribunal de Jeſus-Chriſt.*

Cet illuſtre Evêque entreprit par ordre exprès du feu Roy Loüis XIV. d'heureuſe mémoire, la défenſe de la Déclaration du Clergé de France de 1682. dont nous avons remis nous même il y a environ vingt ans un exemplaire entre les mains de ce grand Roy. Cet ouvrage que l'Auteur a reveu pluſieurs fois & peu de tems avant ſa mort, doit être regardé comme un des plus pretieux monumens de ſa profonde érudition, de ſa ſageſſe, de ſa moderation & de ſa pieté; de ſon attachement à la Chaire de S. Pierre & à l'unité; & de ſon amour pour l'Egliſe, pour la verité & pour la paix. C'eſt ce qui le rend d'autant plus digne de voir le jour, & ce qui nous fait eſperer qu'on ne le refuſera pas plus long-tems aux vœux de toutes les perſonnes qui aiment véritablement l'Egliſe & l'Etat.

M. de Meaux y demontre avec la derniere évidence, que la Doctrine de l'Egliſe Gallicane ſur la puiſſance Eccleſiaſ-

XLIII.
La Doctrine de cette Inſ-truction tenue pour certaine par feu Mon-ſieur Boſſuet Evêque de Meaux; & de-montrée dans ſa défenſe des IV. articles de la Declaration du Clergé de France en 1682

(a) *Defenſe de la Déclaration du Clergé de France de 1682.*

tique & sur la puissance temporelle, renfermée en abregé & avec précision dans les quatre articles de la Declaration du Clergé, n'est que la Doctrine même des écritures & de la tradition, & que bien loin d'affoiblir & de diminuer la primauté & l'autorité des Souverains Pontifes & du Saint Siege, elle lui rend toute sa force, tout son éclat, & son ancienne Majesté, en écartant les prérogatives fausses, dangereuses, incommodes, odieuses, vaines & inutiles, dont l'ignorance & la flaterie se sont efforcées dans les derniers tems de la charger & de l'obscurcir comme d'un nuage épais. La liaison des matieres & notre amour pour la verité devroient peut-être nous engager dans cette occasion à vous donner un precis de ce grand & excellent ouvrage : mais nous avons jugé qu'il suffisoit pour le present de vous instruire à fond de ce qui y regarde la Souveraineté de la Puissance temporelle, & son independance de tout autre que de Dieu seul.

XLIV.
Combien il est important pour le repos des Etats, pour la paix de l'Eglise, & pour la sureté de la personne des Rois de mettre cette Doctrine dans un si grand jour, que les opinions Ultramontaines ne puissent paroître avoir acquis le moindre degré de probabilité.

Nous nous sommes appliqués à vous developper sur ce point important, les divines écritures & toute la suite de la tradition, parce qu'il étoit necessaire de mettre une bonne fois en évidence (& nous sommes assurés qu'il n'y a cœur véritablement Chrétien & François qui ne nous en sache gré) qu'il n'est aucun cas ni de crime, ni d'heresie, ni d'apostasie, ni de persecution, où un Prince puisse être privé de ses droits temporels ; que personne ne peut vous dispenser de la fidelité que vous devez à vos légitimes Souverains, & qu'il n'y a ni crainte, ni menace d'excommunication qui doive vous empêcher de remplir un devoir si indispensable. La sacrée Personne des Rois, le repos des Etats, & la paix de l'Eglise ne sont plus en seureté, si l'on peut répandre le moindre doute sur ces verités, & si les opinions contraires peuvent paroître avoir acquis seulement quelque probabilité. Il n'y a toûjours que trop de personnes, sur tout dans les temps de troubles, disposées à suivre le parti le moins probable, lorsqu'il se trouve conforme à leurs penchants & à leurs interests particuliers ; & le pere du mensonge ne manquera point de Docteurs *artificieux, insensez*, comme les appelle l'Apôtre S. Pierre, de ces hommes ennemis de la subordination & de la paix, *traitres, calomniateurs, enflés d'orgueil*, comme l'a prédit Saint Paul, qui sous l'apparence de la piété, en détruiront la vérité, & qui ruineront la Religion sous le prétexte

2. Pet. ch. 2.
& 3.
Paul. 2. Tim.
c. 3. vv. 1.
& 2. & suiv.

de la Religion même. Que seroit-ce Mes chers Freres, s'ils trouvoient entre vos mains des armes de séduction, s'ils pouvoient vous montrer leurs détestables maximes consacrées dans les Offices de l'Eglise ?

Nôtre devoir demandoit donc que nous eussions un soin particulier de *réveiller par nos avertissemens vos ames simples & sinceres,* & par là plus capables de se laisser séduire ; *afin que vous vous souveniez des paroles des saints Prophetes, & des preceptes du Sauveur & de ses Apôtres.*

XLV.
Conclusion de cette Instruction.
2. Petr. ch. 3. 1. 2.

Demeurez Mes chers Freres, fermement attachés aux verités qui sont si chrétiennes, si honorables à la Religion, si utiles à l'Eglise & à l'Etat, & si necessaires à la paix & à la tranquillité publique, & en même temps que vous conserverez avec nous le respect, la veneration & la soumission qui est dûë à la Chaire de S. Pierre, dont nous vous avons exposé la vraye & ancienne Doctrine, & au S. Pontife qui y est assis aujourd'huy; rejettez constamment toute doctrine opposée (qui que ce soit qui puisse vous la proposer) comme séditieuse, tendante au schisme & à la révolte, contraire à la parole de Dieu, & à la vraye pieté, capable d'empêcher la conversion des Princes infideles & heretiques, de fermer l'entrée de leurs Etats au Christianisme & à la foy Catholique, & d'en bannir tous les fideles comme autant d'ennemis cachez qui n'attendroient que la force & l'occasion de se révolter contre leurs légitimes Souverains, & de les détrôner.

A ces causes, tant pour donner au Roy de nouvelles preuves de notre attachement inviolable à sa Personne Sacrée, de notre zéle pour la défense des droits de sa Couronne, & pour le maintien de la tranquillité de son Royaume, que pour preserver le troupeau que J. C. nous a confié, des illusions d'une fausse pieté : Nous avons défendu & défendons sous les peines de droit à toutes les Communautez & à toutes personnes Seculieres & Regulieres de l'un & de l'autre sexe de notre Diocése, se disant exemptes ou non exemptes, qui se servent du Breviaire Romain, ou qui reçoivent les Offices des nouveaux Saints qu'on insere dans ce Breviaire, d'inserer dans aucuns Livres d'Eglise, & de réciter soit en public, soit en particulier l'Office imprimé sur une feüille volante, commençant par ces mots: *Die xxv. Maii : in festo sancti Gregorii Papæ & Confessoris.*

Ordonnons que les Exemplaires en feront rapportés à notre Secretariat pour y être fupprimés, & que notre préfent Mandement fera notifié à la diligence de notre Promoteur general à toutes les Communautés de notre Diocéfe, qui fe trouvent dans le cas cy-deffus marqué, & qu'il fera lû, publié, & affiché par tout où befoin fera. Donné à Troyes dans notre Palais Epifcopal le 30 Septembre 1729.

✠ J. BENIGNE Ev. DE TROYES.

Par Monfeigneur DIENERT.

LETTRE

DE L'ASSEMBLE'E

DU CLERGE' DE FRANCE

A TOUS LES PRELATS

DE L'EGLISE

GALLICANNE.

A PARIS,

Chez Frederic Leonard, Imprimeur du Roy,
de Monseigneur le Dauphin, & du Clergé
de France, rue S. Jacques.

M. DC. LXXXII.
Avec Privilege du Roy.

*Les Archevêques & Evêques, & au-
tres Ecclesiastiques députés par le
Clergé de France, & assemblés à
Paris par les Ordres de Sa Majesté;
Aux Illustrissimes & Reverendissimes Archevêques & Evêques de
tout le Royaume de France. Salut.*

Nos Reverendissimes & très-
Religieux Collegues dans l'E-
piscopat:

Vous n'ignorez pas que la paix
de l'Eglise Gallicanne vient d'ê-
tre un peu ébranlée; puisque c'est pour
éloigner ce danger que votre amour
pour l'union nous a députés.
Nous le disons avec confiance, nos

EPISTOLA

CONVENTUS

CLERI GALLICANI

AD UNIVERSOS

ECCLESIÆ GALLICANÆ

PRÆSULES.

PARISIIS,

Apud Fredericum Leonard Regis, Serenis-
simi Delphini & Cleri Gallicani Typo-
graphum, viâ Jacobæâ.

M. DC. LXXXII.
Cum Privilegio Regis.

ILLUSTRISSIMIS AC REVEREN-
DISSIMIS Archiepiscopis
& Episcopis in toto Gallia-
rum Regno constitutis, Archiepiscopi & Episcopi, cæ-
terique Ecclesiastici Viri à
Clero Gallicano deputati,
mandato Regio Parisiis
congregati : Salutem.

REVERENDISSIMI AC RELI-
GIOSISSIMI CONSACERDOTES.

*NON vos latet concussam aliqua-
tenùs nuper fuisse Ecclesia Gallicana pacem; quandoquidem nos mi-
sit Vestra Fraternitatis charitas ad illud periculum propulsandum.*
Fidenter cum B. Cypriano pronun-

S. Cyp. l.
de unit. Ec-
clef.

Mat. 18.

Ephef. 4.

1. Cor. 1.

1. Ad Tim.
4.

Ad Tit.
2.

tiamus, chariffimi Collega, Chri-
ftum, ut unitatem manifeftaret,
unam Cathedram conftituiffe,
& *unitatis originem ab uno in-*
cipientem fuâ auctoritate difpo-
fuiffe ; eumque qui Cathedram
Petri, fuper quam fundata eft
Ecclefia, deferit, in Ecclefia
non effe ; qui verò Ecclefiæ uni-
tatem non tenet, nec fidem ha-
bere. Quare nihil nobis antiquius
fuit, ftatim atque congregati fu-
mus in nomine Chrifti, quàm ut
unius corporis, quod nos omnes effe
inclamat Apoftolus, unus effet fpi-
ritus, nec effent in nobis fchif-
mata, nedum vel minima cum totius
Ecclefia Capite diffenfionis fufpicio.
Hoc autem eò magis pertimuimus,
Honoratiffimi Prafules, quòd eum
Pontificem impræfentiarum nobis pro-
vidit Deus Optimus Maximus, quem
ob eximias, quibus abundè præditus
eft, omnium Paftoralium virtutum
dotes, non modo Ecclefiæ Petram,
fed etiam tanquam fidelium, atque
in omnibus exemplum bonorum
operum, debemus jure merito ve-
nerari.

Hanc noftra Concordia, & ad
ineundam Ecclefiæ unitatem confpira-
tionis ideam, tam piè, tam doctè, tam
facundè in omnium noftrûm animis
præformavit illuftriffimus Orator, qui
primus quafi noftrorum Comitiorum os
aperuit, dum Spiritus fancti gratiam
& auxilium communibus votis, fa-
crificante Illuftriffimo Parifienfi Ar-
chiepifcopo, noftro digniffimo Præfi-
de, invocavimus ; ut inde noftri Con-
ventus feliciffimum exitum ominati
fint univerfi.

Non dubitamus equidem, Confa-

très-chers Collegues, en empruntant
les paroles de S. Cyprien ; *J. C. pour*
montrer l'unité, a établi une feule & unique
Chaire, & a placé la fource de l'unité,
de maniere qu'elle defcende d'un feul. Ce-
lui donc qui abandonne la Chaire de Pier-
re, fur laquelle l'Eglife a été fondée,
n'eft plus dans l'Eglife : & celui qui ne
conferve plus l'unité, n'a plus de foy. C'eft
pour cette raifon que dès que nous
avons été affemblés au Nom de *J. C.*
nous n'avons rien eû de plus à cœur,
que de faire enforte que *nous n'euf-*
fions tous qu'un même efprit, comme
nous ne fommes tous, felon l'Apôtre *qu'un même corps ;* & que non feulement *il n'y eût point de fchifmes parmi*
nous, mais qu'il ne s'y trouvât pas même la plus legere apparence de dif-
fention avec le Chef de toute l'Eglife.
Nous appréhendions d'autant plus ce
malheur, que par un effet de la bonté
& de la Providence Divine, nous
avons aujourd'hui un Pontife qui
merite par toutes fes grandes quali-
tés & par les vertus paftorales dont
il eft rempli, que nous le révérions
non feulement *comme la Pierre de l'E-*
glife, mais encore comme *l'exemple &*
le modele des fidelles dans toutes fortes de
bonnes œuvres.

L'Illuftre Orateur qui a ouvert notre Affemblée, pendant le Sacrifice
que nous offrions en commun par
les mains de l'Illuftriffime Archevêque de Paris notre digne Préfident,
pour implorer la grace & le fecours
de l'Efprit Saint, nous a tracé par
avance l'idée de cette union, & du
zele avec lequel nous devons tous
concourir au maintien de l'unité de
l'Eglife ; & il l'a fait avec tant d'é-
loquence, d'érudition & de pieté,
que tout le monde a dès-lors augu-
ré l'heureux fuccès de notre Affemblée.

Nous ne doutons nullement que

vous n'ayez été satisfaits, soit de ce que nous avons obtenu de la pieté de notre Roy très-Chrètien, soit de ce que nous avons fait de notre côté, tant pour conserver la paix que pour meriter les bonnes graces d'un si grand Prince, & lui marquer en même temps notre reconnoissance; soit enfin de la Lettre que nous avons éu l'honneur d'écrire à notre S. Pere le Pape. Nous avons cependant jugé qu'il étoit très important de nous éxpliquer encore davantage, afin qu'il n'arrivât jamais rien qui pût tant soit peu troubler le repos de l'Eglise & la tranquilité de l'ordre Episcopal.

En effet chacun de nous ayant frémi d'horreur à la moindre ombre de discorde, nous avons crû que nous ne pouvions rien faire de plus propre au maintien de l'unité Ecclesiastique, que d'établir des regles certaines, ou plutôt de rappeller à l'esprit des fideles le souvenir des anciennes, à l'abri desquelles toute l'Eglise Gallicane dont *le Saint Esprit nous a confié le gouvernement*, fût tellement en sureté, que jamais personne, soit par une basse adulation, ou par un désir déreglé d'une fausse liberté, *ne pût passer les bornes que nos Peres ont posées*; & qu'ainsi la verité mise dans son jour, nous mît elle-même à couvert de tout danger de division.

Et comme nous sommes obligez non-seulement de maintenir la paix parmi les Catholiques, mais encore de travailler à la réunion de ceux qui *se sont separez de l'Epouse de J. C. pour s'unir à l'adultere, & qui ont renoncé aux promesses de l'Eglise*; cette raison nous a encore engagés à déclarer quel est le sentiment des Catholiques que nous croyons conformes à la verité: après quoy nous esperons que *personne ne pourra plus en imposer à la societé des fideles par ses calomnies, ni corrompre par*

cerdotes Reverendissimi; quin pergratum vobis fuerit, quod à Regis nostri Christianissimi pietate obtinuimus, quodque vicissim ad pacem servandam, ac tanti Principis gratiam conciliandam, simul & ad memoris nostri animi testificationem rependimus; quòdque tandem scripsimus ad Sanctissimum Pontificem. Sed opera pretium esse duximus aliquid ulteriùs explicare, ne quid unquam contingat, quod possit Ecclesiæ quietem, ordinisque tranquillitatem tantisper commovere.

Sanè, cùm vel ad levissimam discordiæ umbram uniuscujusque nostrûm exhorruerit, existimavimus maximè nos Ecclesiæ unitati profuturos, si certas Regulas consideremus; vel potiùs antiquas in fidelium memoriam revocaremus, quibus tota Ecclesia Gallicana, *quam* nos regere posuit Spiritus Sanctus, *ita secura esset, ut nemo unquam vel deformi assentatione, vel abruptâ falsæ libertatis cupiditate,* terminos transgrederetur quos posuerunt Patres nostri; *sicque nos ab omni dissensionis periculo explicata veritas liberaret.*

Quandoquidem verò non modo tenemur Catholicorum paci studere, sed etiam procuranda eorum reconciliationi, qui à Christi Sponsa segregati adulteræ conjuncti sunt, & à promissis Ecclesiæ separati; *adhuc ea ratio nos impulit, ut eam aperiremus quam veram esse arbitrantur,* Catholicorum sententiam; *sic enim factum iri speravimus,* ut nemo ampliùs fidelium fraternitatem mendacio fallat; aut fidei veritatem perfida prævaricatione corrum-

Act. 30.

Prov. cap. 22.

de unit. Ec.

Ibid.

pat; *& qui in Romanam Ecclesiam erroris nobis afflicti specie, velut in reprobatam Babylonem hactenus debacchati sunt, quia mentem nostram vel ignorarunt, vel se ignorare simularunt, detractâ tandem falsitatis larvâ, à calumniis suis imposterum temperent; & in suo schismate, quod tanquam ipsamet idolatria detestabilius crimen execratur Augustinus, diutius non perseverent.*

S. Aug. Ep. 162.

temps dans leur schisme, que S. Augustin détestoit comme un crime plus horrible que l'idolatrie même.

S. Cyp. de unit. Eccl.

Profitemur itaque, Illustrissimi Præsules, quamvis duodecim quos elegit Jesus, & Apostolos nominavit, sic, ad regendam in solidum suam Ecclesiam, constituerit, ut essent pari, sicut loquitur S. Cyprianus, honoris, & potestatis consortio præditi, Primatum tamen Petro divinitus fuisse concessum; quod & ab Evangelio discimus, & tota docet Ecclesiastica traditio. Quare in Romano Pontifice, Petri successore, summam licèt, non solam, cum B. Bernardo à Deo institutam Apostolicam potestatem venerati; servato credendi nobis Christi Sacerdotii honore, Claves primùm uni traditas esse, ut unitati servarentur cum sanctis Patribus, Ecclesiæque Doctoribus prædicamus, sicque summorum Pontificum, seu quoad fidem, seu quoad generalem Disciplinæ Morumque reformationem, decretis fideles omnes censemus esse obnoxios, ut supremæ illius spiritualis Potestatis usus per Canones totius orbis observantiâ consecratos determinandus, moderandusque sit: si qua autem ex Ecclesiarum dissensione, gravis difficultas emerserit, Major, ut loquitur Leo magnus, ex toto orbe Sacerdotum numerus congregetur, generalisque synodus celebretur, quæ omnes of-

Lucæ 6.

S. Bern. lib de consid.

S. Leo Epist 24 ad Theodos. August.

---

une perfide prévarication les veritez de la foy. Nous esperons aussi que ceux qui sous pretexte des erreurs qu'ils nous imputoient, se sont déchaînez jusqu'à present contre l'Eglise Romaine comme contre une Babylone réprouvée, parce qu'ils ne connoissoient pas, ou feignoient de ne pas connoître nos veritables sentimens, cesseront maintenant que la fausseté est démasquée, de nous calomnier, & ne persevereront pas plus longtemps dans leur schisme, que S. Augustin détestoit comme un crime plus horrible que l'idolatrie même.

Nous faisons donc profession de croire, que quoyque J. C. ait établi les douze Disciples qu'il choisit & qu'il nomma Apôtres pour gouverner solidairement son Eglise, & qu'il les ait tous également revêtus de la même dignité & de la même puissance, selon les expressions de S. Cyprien: il a cependant donné la primauté à S. Pierre, comme l'Evangile nous l'apprend, & comme toute la Tradition Ecclesiastique l'enseigne. C'est pourquoi nous reconnoissons avec S. Bernard que le Pontife Romain successeur de S. Pierre possede, *non pas à la verité seul, & à l'exclusion de tout autre, mais dans le plus haut degré la puissance Apostolique établie de Dieu:* & pour conserver en même temps l'honneur du Sacerdoce auquel J. C. nous a élevez, nous soutenons avec les saints Peres & les Docteurs de l'Eglise que les clefs ont été d'abord données à un seul, afin qu'elles fussent conservées à l'unité: & nous croyons que tous les fideles sont assujettis aux Decrets des Souverains Pontifes, soit qu'ils regardent la foy, ou la reformation generale de la discipline & des mœurs, de telle sorte neanmoins que l'usage de cette Souveraine Puissance spirituelle doit être moderé & reglé par les Canons, reverés dans tout l'univers ; & que si par la diversité de sentimens des Eglises, *il s'élevoit quelque difficulté considerable, il seroit necessaire alors*, comme le dit S. Leon, *d'appeller de toutes les parties du monde un plus grand nombre d'Evéques, dissipât ou appaisât tous les sujets de dissention, afin qu'il n'y eut plus rien de douteux dans la foy, ni rien d'altéré dans la charité.*

Au reste, la Republique chrétienne n'étant pas seulement gouvernée par le Sacerdoce, mais encore par l'Empire que possedent les Rois & les Puissances superieures, il a fallu qu'après avoir obvié aux schismes qui pourroient diviser l'Eglise, nous prévinssions aussi les mouvemens des Peuples qui pourroient troubler l'Empire, sur-tout dans ce Royaume, où sous prétexte de la Religion il s'est commis tant d'attentats contre l'autorité Royale ; c'est pour cela que nous avons déterminé que la puissance des Rois n'est point soûmise quant au temporel à la Puissance Ecclesiastique, de peur que si la Puissance spirituelle paroissoit entreprendre quelque chose au préjudice de la Puissance temporelle, la tranquillité publique n'en fut altérée.

Enfin, nous conjurons Votre Charité & Votre Pieté, Nos très-Venerables Confreres, comme les Peres du premier Concile de Constantinople conjuroient autrefois les Evéques du Concile Romain, en leur envoyant les actes de ce Concile, *de confirmer par vos suffrages* tout ce que nous avons déterminé pour assurer à jamais la paix de l'Eglise de France, & de donner vos soins, afin que la doctrine que nous avons jugée d'un commun consentement devoir être publiée, soit reçûe dans vos Eglises, & dans les Universités & les Ecoles qui sont sous votre Jurisdiction, ou établies dans vos Diocéses, & qu'il ne s'y enseigne jamais rien de contraire. Il arrivera par cette conduite que de même que

Cæterùm, Fratres Religiosissimi, cum Respublica christiana, non Sacerdotio tantùm, sed etiam Regum & sublimiorum Potestatum Imperio gubernetur ; ita quoque ut prospeximus, ne schismatibus dividatur Ecclesia, sic & debuimus omnibus Imperii tumultibus. Populorúmque motibus obviam ire, in eo præsertim Regno, in quo tot olim specie Religionis, perduelliones exortæ sunt, ac propter ea Regiam authoritatem, quo ad temporalia, à Pontificia liberam esse pronuntiavimus, ne si forte Ecclesiastica Potestas crederetur aliquid moliri, quod temporalem minueret, Christiana tranquillitas turbaretur.

Rogamus porro Fraternitatem Pietatemque Vestram, Reverendissimi Præsules, ut quondam Concilii Constantinopolitani primi Patres rogabant Romanæ Synodi Episcopos, ad quos synodalia sua gesta mittebant ; ut de iis, quæ ad Ecclesiæ Gallicanæ perpetuò sartam, tectam conservandam pacem explicuimus, nobis congratulemini, & idem nobiscum sentientes, eam quam communi consilio divulgandam esse censuimus, doctrinam in vestris singuli Ecclesiis, atque etiam Universitatibus & scholis vestræ Pastorali curæ commissis, aut apud vestras Diæceses constitutis, ita procuretis admitti, ut nihil unquam ipsi contrarium doceatur. Sic eveniet ut, quemadmodum Romana

Epist. Synod. Conc. Constant. 1. ad Conc. Rom.

Synodi Patrum Consensione Constantinopolitana universalis & œcumenica Synodus effecta est, ita & communi nostrûm omnium sententiâ noster consensus fiat nationale totius Regni Concilium; & quos ad vos mittimus doctrinæ nostræ Articuli, fidelibus venerandi & nunquam intermorituri Ecclesiæ Gallicanæ canones evadant.

Optamus vos semper in Christo bene valere, precamurque Deum immortalem, ut Vestram Fraternitatem ad Ecclesiæ suæ bonum florentem & incolumem servet.

Vobis addictissimi Collegæ, Archiepiscopi, Episcopi & cæteri Ecclesiastici Viri à Clero Gallicani deputati.

✠ FRANCISCUS, *Archiepiscopus Parisiensis, Præses.*

De mandato Illustrissimorum & Reverendissimorum Archiepiscoporum, Episcoporum, totiusque cœtus Ecclesiastici in Comitiis Generalibus Cleri Gallicani Parisiis congregati;
MAUCROIX, *Canonicus Remensis à Secretis.*
COURCIER, *Theologus Ecclef. Parif. à Secretis.*

Parisiis 14. *Kalend. April. ann.* 1682.

le Concile de Constantinople est devenu universel & œcumenique par l'acquiescement des Peres du Concile de Rome, notre Assemblée deviendra aussi par notre unanimité un Concile national de tout le Royaume, & que les articles de Doctrine que nous vous envoyons, seront des Canons de toute l'Eglise Gallicanne, respectables aux Fideles & dignes de l'immortalité.

Nous souhaittons que vous joüissiez en J. C. d'une santé parfaite, & nous prions Dieu de vous y conserver pour le bien de son Eglise.

Vos très-affectionnés Confreres les Archevêques, Evêques & autres Ecclesiastiques députés par le Clergé de France.

✠ FRANÇOIS, Archevêque de Paris, Président.

Par l'Ordre de l'Assemblée;

MAUCROIX, Chan. de Reims, Secretaire.

COURCIER, Théologal de Paris, Secretaire.

A Paris le 18. Mars 1682.

DECLARATION DU CLERGE' DE FRANCE SUR LA PUISSANCE ECCLESIASTIQUE.

Du 19. Mars 1682.

PLufieurs perfonnes s'efforcent en ce temps-ci de ruiner les Decrets de l'Eglife Gallicane, & fes libertez, que nos Ancêtres ont foutenuës avec tant de zele, & de renverfer leurs fondemens appuyés fur les faints Canons & fur la Tradition des Peres. D'autres, fous prétexte de les deffendre, ne craignent pas de donner atteinte à la Primauté de S. Pierre & des Pontifes Romains fes fucceffeurs, inftituée par J.C. & à l'obéiffance que tous les Chrétiens leur doivent, & de diminuer la Majefté du S. Siege Apoftolique refpectable à toutes les Nations, où la vraye foy eft enfeignée & où l'unité de l'Eglife fe conferve. D'un autre côté, les Hérétiques mettent tout en œuvre pour faire paroître cette Puiffance qui maintient la paix de l'Eglife odieufe & infupportable aux Rois & aux Peuples, & pour éloigner par ces artifices les ames fimples de la communion de l'Eglife leur Mere, & par-là celle de J. C. Afin de remedier à ces inconveniens, Nous Archevêques & Evêques affemblés à Paris par ordre du Roy, reprefentant l'Eglife Gallicanne avec les autres Ecclefiaftiques députez, avons jugé après une mûre déliberation, qu'il eft neceffaire de faire les Reglemens & la Déclaration qui fuivent.

I.

Que S. Pierre & fes Succeffeurs Vicaires de J. C. & que toute l'Eglife

CLERI GALLICANI DE ECCLESIASTICA POTESTATE DECLARATIO.

Die 19. Martii 1682.

ECCLESIÆ Gallicanæ decreta & libertates à majoribus noftris tanto ftudio propugnatas, earumque fundamenta, facris Canonibus & Patrum Traditione nixa multi diruere moliuntur, nec defunt qui earum obtentu Primatum B. Petri ejufque Succefforum Romanorum Pontificum à Chrifto inftitutum, iifque debitam ab omnibus Chriftianis obedientiam, Sedifque Apoftolica, in qua fides prædicatur, & unitas fervatur Ecclefia, reverendam omnibus Gentibus Majeftatem, imminuere non reverentur. Hæretici quoque nihil prætermittunt, quò eam poteftatem, quâ pax Ecclefiæ continetur, invidiofam & gravem Regibus & Populis oftentent, iifque fraudibus fimplices animas ab Ecclefia matris Chriftique adeò Communione diffocient. Quia ut incommoda propulfemus, Nos Archiepifcopi, & Epifcopi, Parifiis Mandato Regio congregati, Ecclefiam Gallicanam reprafentantes, unà cùm cæteris Ecclefiafticis viris nobifcum deputatis, diligenti tractatu habito hæc fancienda & declaranda effe duximus.

I.

Primum Beato Petro ejufque fuccefforibus Chrifti Vicariis, ipfique

Ecclesia rerum spiritualium, & ad æternam salutem pertinentium, non autem civilium ac temporalium, à Deo traditam potestatem, dicente Domino: Regnum meum non est de hoc mundo, *& iterum,* Reddite ergo quæ sunt Cæsaris, Cæsari, & quæ sunt Dei, Deo; *ac proinde stare Apostolicum illud:* Omnis anima potestatibus sublimioribus subdita sit: non est enim potestas nisi à Deo: quæ autem sunt, à Deo ordinata sunt. Itaque qui potestati resistit, Dei ordinationi resistit. *Reges ergo & Principes in temporalibus nulli Ecclesiasticæ Potestati Dei ordinatione subjici, neque auctoritate Clavium Ecclesiæ directè vel indirectè deponi, aut illorum subditos eximi à fide atque obedientia, ac præstito fidelitatis Sacramento solvi posse; eamque sententiam publicæ tranquillitati necessariam, nec minus Ecclesiæ quàm imperio utilem, ut verbo Dei, Patrum traditioni, & sanctorum exemplis consonam omnino retinendam.*

necessaire pour la paix publique, l'Etat, doit être tenuë comme Tradition des Peres de l'Eglise,

I I.

Sic autem inesse Apostolicæ Sedi, ac Petri successoribus Christi Vicariis rerum spiritualium plenam potestatem, ut simul valeant atque immota consistant sanctæ Oecumenicæ Synodi Constantiensis à Sede Apostolica comprobata, ipsoque Romanorum Pontificum, ac totius Ecclesiæ usu confirmata, atque ab Ecclesia Gallicana perpetua religione custodita decreta de authoritate Conciliorum Generalium, quæ sessione quarta & quinta continentur, nec probari à Gallicana Ecclesia, qui eorum decretorum, quasi dubia sint authorita-

même n'ont reçû de puissance de Dieu que sur les choses Spirituelles, & qui concernent le salut, & non point sur les choses temporelles & civiles; Jesus-Christ nous apprenant lui-même *que son Royaume n'est pas de ce monde;* & en un autre endroit, *Qu'il faut rendre à Cesar ce qui appartient à Cesar, & à Dieu ce qui appartient à Dieu.* Qu'il faut s'en tenir à ce précepte de l'Apôtre S. Paul: *Que toute personne soit soûmise aux Puissances superieures; car il n'y a point de puissance qui ne vienne de Dieu; & c'est lui qui ordonne celles qui sont sur la terre: c'est pourquoy celui qui s'oppose aux Puissances, résiste à l'ordre de Dieu.* En consequence nous déclarons que les Rois ne sont soûmis à aucune Puissance Ecclesiastique par l'ordre de Dieu dans les choses qui concernent le temporel; qu'ils ne peuvent être déposez directement, ni indirectement par l'autorité des Clefs de l'Eglise; que leurs Sujets ne peuvent être exemptez de la soûmission & de l'obéïssance qu'ils leur doivent, ou dispensez du serment de fidelité; que cette Doctrine & autant avantageuse à l'Eglise qu'à conforme à l'Ecriture Sainte, & à la & aux exemples des Saints.

I I.

Que la plenitude de puissance que le saint Siege Apostolique & les Successeurs de S. Pierre, Vicaires de Jesus-Christ, ont sur les choses spirituelles, est telle néanmoins que les Décrets du S. Concile Oecumenique de Constance, contenus dans les sessions 4. & 5. approuvez par le saint Siege Apostolique, & confirmez par la pratique de toute l'Eglise & des Pontifes Romains, & observez de tout tems religieusement par l'Eglise Gallicanne, demeurent dans leur force & vertu; & que l'Eglise de France n'approuve pas l'opinion de ceux

qui

qui donnent atteinte à ces Decrets, ou les affoiblissent, en difant que leur autorité n'est pas bien établie, qu'ils ne font point approuvés, ou que leur difpofition ne regarde que le tems du fchifme.

III.

Qu'ainfi il faut regler l'ufage de la Puiffance Apoftolique par les Canons faits par l'Efprit de Dieu, & confacrés par le refpect general de tout le monde : Que les regles, les mœurs & les Conftitutions reçues dans le Royaume & dans l'Eglife Gallicanne, doivent avoir leur force & vertu, & que les ufages de nos Peres doivent demeurer inébranlables : Qu'il eft même de la grandeur du faint Siege Apoftolique, que les loix & les coûtumes établies du confentement de ce Siege & des Eglifes, ayent l'autorité qu'elles doivent avoir.

IV.

Que quoique le Pape ait la principale part dans les queftions de foy : & que fes Decrets regardent toutes les Eglifes, & chaque Eglife en particulier, fon jugement n'eft pas irreformable, fi le confentement de l'Eglife n'intervient.

Ce font les maximes que nous avons reçûës de nos Peres, & que nous avons arrêtées d'envoyer à toutes les Eglifes Gallicannes, & aux Evêques que le Saint-Efprit y a établi pour les gouverner, afin que nous difions tous la même chofe, que nous foyons dans les mêmes fentimens, & que nous tenions tous la même Doctrine.

+ FRANÇOIS, Archevêque de Paris, Préfident.

+ CHARLES MAURICE, Archevêque, Duc de Rheims.

+ CHARLES, Archev. d'Ambrun.

+ JACQUES, Archevêque, Duc de Cambray.

+ HYACINTHE, Archev. d'Alby.

---

tis, ac minus approbata, rebus infringant, aut ad folum fchifmatis tempus Concilii dicta detorqueant.

III.

Hinc Apoftolica poteftatis ufum moderandum per Canones fpiritu Dei conditos & totius mundi reverentia confecratos : Valere etiam regulas, mores & inftituta à Regno & Ecclefia Gallicana recepta, patrumque terminos manere inconcuffos : atque id pertinere ad amplitudinem Apoftolicæ Sedis, ut ftatuta & confuetudines tanta Sedis & Ecclefiarum confeffione firmata, propriam ftabilitatem obtineant.

IV.

In fidei quoque quæftionibus præcipuas Summi Pontificis effe partes, ejufque decreta ad omnes & fingulas Ecclefias pertinere; nec tamen irreformabile effe judicium, nifi Ecclefiæ confenfus accefferit.

Quæ accepta à Patribus ad omnes Ecclefias Gallicanas, atque Epifcopos iis Spiritu fancto auctore præfidentes, mittenda decrevimus; ut idipfum dicamus omnes, fimufque in eodem fenfu & in eadem fententia.

+ FRANCISCUS, Archiepifcopus Parifienfis, Præfes.

+ CAROLUS MAURITIUS, Archiepifcopus, Dux Remenfis.

+ CAROLUS, Ebredunenfis Arch.

+ JACOBUS, Archiepifcopus, Dux Cameracenfis.

+ HYACINTHUS, Arch. Albienfis.

G

✠ Mic. Phelypeaux, *PP. Arch. Bituricenfis.*	✠ Michel Phelypeaux. PP. Archev. de Bourges.
✠ Jacobus Nicol. Colbert, *Arch. Cartaginenfis, Coadjutor Rothomagenfis.*	✠ Jacques Nicolas Colbert, Archevêque de Carthagéne, Coadjuteur de Roüen.
✠ Ludovicus de Bourlemont, *Archiep. Burdegalenfis.*	✠ Louis de Bourlemont, Archevêque de Bourdeaux.
✠ Gilbertus, *Epifc. Tornacenfis.*	✠ Gilbert, Ev. de Tournay.
✠ Henricus de Laval, *Epifcopus Rupellenfis.*	✠ Henry de Laval, Evêque de la Rochelle.
✠ Nicolaus, *Epifc. Regienfis.*	✠ Nicolas, Ev. de Riez.
✠ Daniel de Cosnac, *Epifc. & Com. Valentinenfis & Dienfis.*	✠ Daniel de Cosnac, Ev. & Comte de Valent. & Di.
✠ Gabriel, *Epifc. Eduenfis.*	✠ Gabriel, Ev. d'Autun.
✠ Guillemus, *Ep. Vafatenfis.*	✠ Guillaume, Ev. de Bazas.
✠ Gabriel Ph. de Froullay de Tesse', *Ep. Abrincenfis.*	✠ Gabriel Phil. de Froullay de Tesse', Evêque d'Avranches.
✠ Joannes, *Ep. Tolonenfis.*	✠ Jean, Evêque de Toulon.
✠ Jacobus Benignus, *Epifcopus Meldenfis.*	✠ Jacques Benigne, Evêque de Meaux.
✠ Sebastianus de Guemadeuc, *Epifc. Maclovienfis.*	✠ Sébastien de Guemadeuc, Evêque de S. Malo.
✠ L. M. Ar. de Simiane de Gordes, *Ep. Dux Lingonenfis.*	✠ L. M. Ar. de Simiane de Gordes, Evêque, Duc de Langres.
✠ Fr. Leo, *Ep. Glandatenfis.*	✠ Fr. Leon, Ev. de Glandéve.
✠ Lucas d'Aquin, *Epifc. Forojulienfis.*	✠ Luc d'Aquin, Evêque de Frejus.
✠ J. B. M. Colbert *Ep. & D. Montis Albani.*	✠ J. B. M. Colbert, Evêque & S. de Montauban.
✠ Carolus de Pradel, *Epifcopus Montis-peffulani.*	✠ Charles de Pradel, Ev. de Montpellier.
✠ Franciscus Placidus, *Epifc. Mimatenfis.*	✠ François Placide, Evêque de Mande.
✠ Carolus, *Epifc. Vaurenfis.*	✠ Charles, Ev. de Lavaur.
✠ Andreas, *Epifc. Autiffiod.*	✠ André, Evêque d'Auxerre.
✠ Franciscus, *Epifc. Trecenfis.*	✠ François, Ev. de Troyes.
✠ Lud. Ant. *Ep. Com. Cathalaunenfis.*	✠ Louis Antoine, Evêque, Comte de Châlons.
✠ Franc. Ig. *Ep. Com. Trecorenfis.*	✠ François Ig. Ev. C. de Treguieri.
✠ Petrus, *Ep. Bellicenfis.*	✠ Pierre, Evêque du Bellay.
✠ Gabriel, *Ep. Conferanenfis.*	✠ Gabriel, Ev. de Conferans.
✠ Ludovicus Alphonsus, *Alectenfis Epifc.*	✠ Louis Alphonse, Evêque d'Alet.
✠ Humbertus, *Epifc. Tutellenfis.*	✠ Humbert, Evêque de Toul.
✠ J. B. d'Estampes, *Maffilienfis Epifcopus.*	✠ J. B. d'Estampes, Evêque de Marseille.
✠ Paulus Phil. de Lusignan.	✠ Paul Phil. de Lusignan.

Louis d'Espinay de S. Luc.	Ludovicus d'Espinay de S. Luc.
Coquelin.	Coquelin.
Lambert.	Lambert.
P. de Bermont.	P. de Bermont.
A. H. de Fleury.	A. H. de Fleury.
De Franqueville.	De Franqueville.
M. de Ratabon.	M. de Ratabon.
Clement de Poudeux.	Clemens de Poudeux.
Bigot.	Bigot.
De Gourgue.	De Gourgue.
De Villeneuve de Vence.	De Villeneuve de Vence.
C. Levy de Coadeletz.	C. Levy de Coadletz.
La Faye.	La Faye.
J. F. de l'Escure.	J. F. de l'Escure.
Pierre le Roy.	Petrus le Roy.
De Soupets.	De Soupets.
A. Argoud, Doyen de Vienne.	A. Argoud, *Decanus Viennæ.*
De Bausset, Prevôt de Marseille.	De Bausset, *Præpositus Massiliensis.*
G. Bochard de Champigny.	G. Bochard de Champigny.
De S. Georges, Comte de Lyon.	De S. Georges, *C. Lugdunensis.*
Courcier.	Courcier.
Cheron.	Cheron.
A. Favre.	A. Faure.
F. Maucroix.	F. Maucroix.
Gerbais.	Gerbais.
De Guenegaud.	De Guenegaud.
Fr. de Camps,	Fr. de Camps.
De la Borey.	De la Borey.
Armand Basin de Besons, Agent General du Clergé de France.	Armandus Basin de Besons, *Cleri Gallicani Agens Generalis.*
J. Desmarets, Agent General du Clergé de France.	J. Desmarets, *Cleri Gallicani Agens Generalis.*

EDIT DU ROY

Sur la Déclaration faite par le Clergé de France , de ses sentimens touchant la Puißance Ecclesiastique , regißré en Parlement le 23. Mars 1682.

LOUIS par la grace de Dieu , Roy de France & de Navarre : A tous presens & à venir, SALUT. Bien que l'indépendance de notre Couronne de toute autre puissance que de Dieu, soit une verité certaine & incontestable, & établie sur les propres paroles de Jesus-Chrift, nous n'avons pas laissé de recevoir avec plaisir la Déclaration que les Deputez du Clergé de France assemblez par notre permission en notre bonne Ville de Paris, nous ont presentée, contenant leurs sentimens touchant la puissance Ecclesiastique ; & nous avons d'autant plus volontiers écouté la supplication que lesdits Deputez nous ont faite de faire publier cette Déclaration dans notre Royaume, qu'étant faite par une Assemblée composée de tant de personnes également recommandables par leur vertu & par leur doctrine, & qui s'employent avec tant de zele à tout ce qui peut être avantageux à l'Eglise & à notre Service, la sagesse & la moderation avec laquelle ils ont expliqué les sentimens que l'on doit avoir sur ce sujet, peut beaucoup contribuer à confirmer nos Sujets dans le respect qu'ils sont tenus comme nous de rendre à l'autorité que Dieu a donnée à l'Eglise, & à ôter en même tems aux Miniftres de la Religion Prétenduë Reformée ; le prétexte qu'ils prennent des livres de quelques Auteurs, pour rendre odieuse la puissance legitime du Chief visible de l'Eglise. A CES CAUSES & autres bonnes & grandes considerations à ce mouvans, après avoir fait examiner ladite Déclaration en notre Conseil, Nous par notre present Edit perpetuel & irrévocable, avons dit, statué, & ordonné: disons, statuons, & ordonnons, voulons & nous plaît, que ladite Déclaration des sentimens du Clergé sur la puissance Ecclesiastique cy-attachée sous le contre Scel de notre Chancellerie, soit enregiftrée dans toutes nos Cours de Parlement, Bailliages & Sénéchaussées, Universitez & Facultez de Theologie , & de Droit Canon de notre Royaume, Païs, Terres & Seigneuries de notre obeïssance.

I.

Deffendons à tous nos Sujets, & aux Etrangers étant dans notre Royaume , Seculiers & Reguliers, de quelqu'Ordre, Congregation & Societé qu'ils soient, d'enseigner dans leurs Maisons, Colleges & Seminaires, ou d'écrire aucune chose contraire à la Doctrine contenue en icelle.

I I

Ordonnons que ceux qui seront dorenavant choisis, pour enseigner la Théologie dans tous les Colleges de chaque Université, soit qu'ils foient Seculiers ou Reguliers, foufcriront ladite Déclaration aux Greffes des Facultez de Théologie, avant de pouvoir faire cette fonction dans les Colleges ou Maifons feculières & regulieres: qu'ils fe foûmettront à enfeigner la Doctrine qui y eft expliquée, & que les Syndics des Facultez de Théologie prefenteront aux Ordinaires des lieux, & à nos Procureurs Generaux des copies defdites foumiffions fignées par les Greffiers defdites Facultez.

I I I.

Que dans tous les Colleges & Maifons defdites Univerfitez, où il y aura plufieurs Profeffeurs, foit qu'ils foient Seculiers ou Reguliers, l'un d'eux fera chargé tous les ans d'enfeigner la Doctrine contenuë en ladite Déclaration; & dans les Colleges où n'y aura qu'un feul Profeffeur, il fera obligé de l'enfeigner l'une des trois années confecutives.

I V.

Enjoignons aux Syndics des Facultez de Théologie de prefenter tous les ans avant l'ouverture des leçons, aux Archevêques ou Evêques des Villes où elles font établies, & d'envoyer à nos Procureurs Generaux les noms des Profeffeurs qui feront chargez d'enfeigner ladite Doctrine, & aufdits Profeffeurs de reprefenter aufdits Prélats, & à nofdits Procureurs Generaux les écrits qu'ils dicteront à leurs Ecoliers, lorfqu'ils leur ordonneront de le faire.

V.

Voulons qu'aucun Bachelier, foit Seculier ou Regulier ne puiffe être dorenavant Licentié, tant en Théologie qu'en Droit Canon, ni être reçu Docteur, qu'après avoir foutenu ladite Doctrine dans l'une de fes Thefes, dont il fera apparoir à ceux qui ont droit de conferer ces dégrez dans les Univerfitez.

V I.

Exhortons, & néanmoins enjoignons à tous les Archevêques & Evêques de notre Royaume, Païs, Terres & Seigneuries de notre obéiffance, d'employer leur autorité pour faire enfeigner dans l'étenduë de leurs Diocefes la Doctrine contenuë dans ladite Déclaration faite par lefdits Deputez du Clergé.

V I I.

Ordonnons aux Doyens & Syndics des Facultez de Théologie de tenir la main à l'execution des prefentes, à peine d'en répondre en leur propre & privé nom.

Si DONNONS EN MANDEMENT à nos Amez & feaux les Gens tenant nos Cours de Parlement, que ces prefentes nos Lettres en forme d'Edit, enfemble ladite Déclaration du Clergé, ils faffent lire, publier & enregiftrer aux Greffes de nofdites Cours, & des Bailliages, Sénéchauffées & Univerfitez de leurs refforts, chacun en droit foy, & ayent à tenir la main à leur obfervation, fans fouffrir qu'il y foit contrevenu directement ni indirectement, & à proceder contre les contrevenans,

G iij

en la maniere qu'ils le jugeront à-propos, suivant l'exigence des cas. Car tel est notre plaisir, & afin que ce soit chose ferme & stable à toûjours, nous avons fait mettre notre Scel à cesdites Presentes. Donné à S. Germain en Laye au mois de Mars, l'an de grace 1682. & de notre regne le trente neuviéme. Signé, LOUIS; & plus bas, *Par le Roy*, COLBERT; *Visa*, LE TELLIER, & scellées du grand Sceau de cire verte.

Registrées, ouy & ce requèrant le Procureur General du Roy, pour être executées selon leur forme & teneur, suivant l'Arrest de ce jour. A Paris en Parlement le 23. Mars 1682. Signé, DONGOIS.

LOUIS par la grace de Dieu, Roy de France & de Navarre : A nos
amez & feaux Confeillers les Gens tenans nos Cours de Parlement ,
Maîtres des Requeftes ordinaires de notre Hôtel, Prevôt de Paris, Bail-
lifs , Sénéchaux , leurs Lieutenans Civils & autres nos Jufticiers & Of-
ficiers qu'il appartiendra, Salut. Notre amé & féal Confeiller en nos Confeils le fieur Jacques Benigne Bossuet , Evêque de Troyes, Nous a fait
remontrer qu'il defireroit faire imprimer les livres fervans pour l'Office
Divin, à l'ufage de fon Diocéfe : fçavoir, *Breviaires, Diurnaux , Miffels ,*
Rituels , Antiphonniers , Manuels , Graduels , Proceffionnaux , Epiftolliers ,
Pfeautiers, demi Pfeautiers , Directoires , Heures , Cathechifmes , Ordonnances ,
Mandemens , Statuts Synodaux , Lettres Paftorales & Inftructions , à l'ufage
du Diocéfe de Troyes ; & comme il lui eft important que lefdits ouvrages ne
puiffent être imprimez & diftribuez que par le Libraire ou Imprimeur
qu'il choifira à cet effet, il Nous a très-humblement fait fupplier de lui
accorder pour raifon de ce nos Lettres de privileges fur ce neceffaires. A
ces causes , voulant favorablement traiter ledit fieur Evêque de Troyes ,
Nous lui avons permis & accordé, permettons & accordons par ces Prefentes , de faire imprimer par tel Libraire ou Imprimeur qu'il voudra choifir,
les Breviaires, Diurnaux , Miffels, Rituels , Antiphoniers , Manuels , Graduels, Proceffionnaux , Epiftolliers , Pfeautiers , Directoires , Heures , Ca-
techifmes, Ordonnances, Mandemens, Statuts Synodaux, Lettres Paftorales & Inftructions , à l'ufage du Diocéfe de Troyes en tels volumes ,
marges, caracteres, conjointement ou feparement & autant de fois que
bon lui femblera , & de les faire vendre & débiter par tout notre Royaume pendant l'efpace de douze années confecutives, à compter du jour &
date des Prefentes, fans qu'à l'occafion des lettres ci-deffus fpecifiées, il
puiffe en être imprimé d'autres qui ne foit pas dudit fieur Evêque ; Fai-
fons très-expreffes inhibitions & défenfes à toutes perfonnes de quelque
qualité & condition qu'elles foient, d'en introduire d'impreffion étrangere dans notre Royaume, Païs, Terres & Seigneuries de notre obéïf-
fance, & à tous Libraires, Imprimeurs & autres, d'imprimer, vendre ,
faire vendre, débiter, ni contrefaire lefdits livres & ouvrages ci deffus
énoncez en tout ou en partie, fous quelque prétexte que ce foit , d'aug-
mentation, correction, changement de titre, même de traductions étran-
geres ou autrement, fans le confentement par écrit dudit fieur Evêque
de Troyes, ou de celui ou ceux qui auront droit de lui, à peine de con-
fifcation defdits Exemplaires contrefaits, de trois mille livres d'amende
contre chacun des contrevenans, dont un tiers à Nous, un tiers à l'Hôtel-
Dieu de notre bonne Ville de Paris, & l'autre tiers au Libraire qui fera
chargé defdites impreffions, & de tous dépens, dommages & interêts ; à
la charge que ces Prefentes feront regiftrées tout au long fur le Regif-
tre de la Communauté des Libraires & Imprimeurs de Paris, & ce dans
trois mois du jour & datte d'icelles, que l'impreffion de ces livres fera

faite dans notre Royaume & non ailleurs, en bon papier & beaux caractes-
res, conformément aux Reglemens de la Librairie ; & qu'avant de les ex-
poſer en vente, les manuſcrits où imprimez qui auront ſervi de copies à
l'impreſſion deſdits Livres, ſeront remis dans le même état où l'approbation y aura été donnée ès mains de notre très-cher & feal Chevalier
Chancelier de France le ſieur Dagueſſeau, & qu'il en ſera enſuite mis
deux exemplaires de chacun d'iceux dans notre Bibliotheque publique,
un dans celle de notre Château du Louvre, & un dans celle de notre
trés-cher & feal Chevalier Chancelier de France le ſieur Dagueſſeau ; le
tout à peine de nullité des Preſentes ; du contenu deſquelles vous mandons & enjoignons faire joüir & uſer le Libraire ou Imprimeur qu'il
aura choiſi pour cet effet, ou ſes ayans cauſe pleinement & paiſiblement,
ſans ſouffrir qu'il luy ſoit fait aucun trouble ou empêchement : Voulons
auſſi qu'en mettant au commencement ou à la fin de chacun deſdits Livres copie ou extrait des Preſentes, elles ſoient tenuës pour bien & düe-
ment ſignifiées, & aux copies collationnées par l'un de nos amez & feaux
Conſeillers Secretaires, foi ſoit ajoûtée comme à l'original. MANDONS
au premier notre Huiſſier ou Sergent ſur ce requis faire pour l'execution
des Preſentes tous exploits & actes neceſſaires, ſans demander autre per-
miſſion, nonobſtant Clameur de Haro, Charte Normande & lettres à ce
contraires. CAR TEL EST NOTRE PLAISIR. Donné à Paris le huitiéme
jour d'Aouſt, l'an de grace mil ſept cent vingt, & de notre regne le
cinquiéme. Par le Roy en ſon Conſeil.

Signé, LE PETIT,

*Il eſt ordonné par l'Edit du Roy du mois d'Aouſt 1686. & Arrêts de ſon Con-
ſeil, que les livres dont l'impreſſion ſe permet par Privilege de Sa Majeſté, ne peuvent être vendus que par un Libraire ou Imprimeur.*

*Regiſtré ſur le Regiſtre. IV. de la Communauté des Libraires & Imprimeurs de
Paris, page 649. N°. 699. conformément aux Reglemens, & notamment à
l'Arreſt du Conſeil du 13. Aouſt 1703. A Paris le 11. Septembre 1720.*

Signé, DELAULNE, Syndic.

Nous Jacques Benigne Boſſuet, Evêque de Troyes, avons cedé &
tranſporté le Privilege à Nous accordé par le Roy le huitiéme Aouſt
mil ſept cent vingt pour douze ans à Charles Oſmont, Imprimeur-
Libraire à Paris, pour en joüir en notre lieu & place, ſuivant les condi-
tions faites entre nous. A Troyes ce 29. Octobre mil ſept cens vingt-
neuf.

Signé, ✠ J. BENIGNE, Ev. de Troyes.

*Regiſtré ſur le Regiſtre VII. de la Communauté des Imprimeurs & Libraires de
Paris, page 406. Conformément aux Réglemens, & notamment à l'Arreſt du
Conſeil du 13. Aouſt 1703. A Paris le dix-huit Novembre mil ſept cent vingt-
neuf.*

Signé, P. A. LE MERCIER, Syndic.

TABLE
DES SOMMAIRES.

H